MODERN HUMANITIES RESEARCH ASSOCIATION

CRITICAL TEXTS

VOLUME 10

Editor
MALCOLM COOK
(*French*)

LA PEYROUSE DANS L'ISLE DE TAHITI, OU LE DANGER DES PRÉSOMPTIONS:

DRAME POLITIQUE ET MORAL EN QUATRE ACTES

LA PEYROUSE DANS L'ISLE DE TAHITI, OU LE DANGER DES PRÉSOMPTIONS:

DRAME POLITIQUE ET MORAL EN QUATRE ACTES

Édition critique

par

John Dunmore

MODERN HUMANITIES RESEARCH ASSOCIATION
2006

Published by

The Modern Humanities Research Association,
1 Carlton House Terrace
London SW1Y 5DB

© The Modern Humanities Research Association, 2006

John Dunmore has asserted his right under the Copyright, Designs and Patents Act 1988 to be identified as the author of this work.

All rights reserved. No part of this publication may be reproduced, stored in a retrieval system, or transmitted, in any form or by any means, electronic, mechanical, photocopying, recording or otherwise, without the prior permission of the publishers.

First published 2006

ISBN 0-947623-72-8 / 978-0-947623-72-2

ISSN 1746-1642

Copies may be ordered from www.criticaltexts.mhra.org.uk

Table des Matières

Introduction	1
Analyse de la Pièce	28
La Peyrouse dans l'Isle de Tahiti	33
Notes	97
Bibliographie	107

soit le milieu de l'été austral, le temps devint bientôt épouvantable.« Nix, glando, glacies, spiritus procellarum », écrira-t-il dans son journal.[1] Peu surprenant que quand les navires en sortirent le 26 janvier 1768, les équipages chantèrent le *Te Deum*.

Leur route les menait maintenant nord et ouest à travers les immensités vides du Pacifique. En mars, ils firent leurs premières découvertes, quelques petites îles et atolls. Voyant des hommes sur le rivage d'une d'elles, qui semblaient les menacer avec de longues piques en bois, Bougainville la nomma Île des Lanciers et continua sa route. Les semaines passaient, les vivres frais manquaient, et le scorbut se déclara. Mais le 2 avril, d'autres terres, bien plus importantes, apparurent, et le 6 il laissa tomber l'ancre dans la baie d'Hitaa, sur la côte nord de Tahiti. Les Français y furent fort bien reçus, malgré quelques vols de la part des insulaires, et ils y restèrent neuf jours. Juste avant leur départ, un jeune Tahitien, nommé Ahu-toru, demanda à les accompagner. Bougainville accepta de le mener en France et de s'occuper de lui lors de son séjour.

Le voyage continua vers l'ouest, le long des Îles Samoa, à travers l'archipel des Nouvelles-Hébrides (le Vanuatu de nos jours) et jusqu'aux abords de la dangereuse Grande Barrière de Corail qui longe une grande partie de la côte orientale de l'Australie. Se détournant vers le nord, Bougainville fit route sur la Nouvelle-Guinée et le long d'une série d'îles auxquelles il donna le nom de Louisiades en l'honneur de Louis XV. Les contournant et faisant route vers le nord, il fit alors la plus importante découverte du voyage, traversant les Îles Salomon par le détroit qui porte maintenant son nom, nommant l'île à sa droite Choiseul en l'honneur du Ministre de la Marine, tandis que ses officiers nommaient 'Bougainville' celle de gauche. Il poursuivit sa route vers l'Indonésie, arrivant au port de Batavia le 28 septembre 1768. Le voyage autour du monde se termina avec une escale bien nécessaire à l'Île de France. Et le 16 mars 1769, la *Boudeuse* était de retour à Saint-Malo.

Le voyage eut un retentissement immédiat. Des nouvelles avaient déjà été reçues de l'Île de France. Bougainville écrivit maintenant le récit de son voyage, simplifiant quelque peu le texte de son journal de bord en omettant surtout certains détails de navigation. Son *Voyage autour du monde* parut en 1771, et fut rapidement traduit en anglais, en allemand et d'autres langues. Il était toujours colonel; il fut promu brigadier d'infanterie, mais son transfert à la Marine Royale fut bientôt effectué. Il avait quelque

3

espoir d'organiser une autre expédition, cette fois-ci vers les mers arctiques, mais la guerre menaçait. Il obtint plusieurs commandements lors du conflit entre les colonies américaines et le roi George III. De retour en France, il aida le ministre Fleurieu à préparer l'expédition de La Pérouse. Mais la Révolution éclata quelque temps après, lui apportant au début plusieurs rôles importants dans la marine, mais aussi une période d'emprisonnement et la menace de la guillotine. Le Directoire et le premier Empire lui furent plus favorables, les honneurs culminant par sa nomination au Sénat, un fait mentionné par l'auteur de la pièce. Il mourut en 1811, et fut inhumé au Panthéon.

Comme Bougainville, **Jean-François de Galaup de la Pérouse** appartenait à une famille d'avocats et d'administrateurs civiques. Né à Albi, dans le sud-ouest de la France, le 23 août 1741, il avait opté de bonne heure pour une carrière de marin. Entré en service en tant que Garde de la Marine à Brest à l'age de quinze ans, il s'embarqua sans délai. La Guerre de Sept Ans battait son plein, et il fit sa première campagne sur le *Célèbre*, qui escortait des renforts français au Canada. De retour quelques mois plus tard, il reprit ses études, mais fut bientôt nommé sur d'autres vaisseaux. Suivirent plusieurs campagnes en mer, y compris la malencontreuse bataille de la Baie de Quiberon quand La Pérouse fut blessé et fait prisonnier. Relâché sur parole, il put rentrer chez sa famille à Albi – il n'avait encore que dix-huit ans – et retourner à ses études. Une dernière campagne, sur le *Robuste*, s'avéra fort dangereuse, car la flotte anglaise dominait maintenant les mers, y compris le Golfe du Saint-Laurent où le *Robuste* devait naviguer. Au retour, pour échapper aux navires anglais qui le guettaient, le *Robuste* se dirigea sur l'Espagne, attendant la fin de la guerre, qui ne tarda pas. Jean-François put alors rentrer à Brest et compléter ses études.

Nommé enseigne, il espérait trouver un embarquement, mais dans cette période d'après-guerre il n'y avait peu de postes pour les jeunes. Prêt à accepter quoi que ce soit, La Pérouse servit plusieurs fois sur des petits bâtiments, des gabares, qui faisaient la navette entre Brest et Bayonne pour ramener du bois de construction et d'autres provisions. En 1768, il obtint un poste sur la *Turquoise* qui se consacrait à l'hydrographie et au balisage des côtes avoisinant le port de Brest. Il continua ces travaux autour de la péninsule bretonne. C'était un travail peu glorieux, mais qui lui permit d'acquérir des connaissances qui lui furent fort utiles lorsqu'il dut plus tard faire des levées le long des côtes du Pacifique nord. Il acquit en même temps une solide réputation dans les bureaux du ministère. Après une période de service aux Antilles, il partit pour l'Île de France avec son guide et protecteur, D'Arsac de Ternay. Ternay venait d'être nommé gouverneur des possessions françaises dans l'Océan Indien, ce qui offrit à La Pérouse de nouvelles occasions de voyager et le mit au courant des derniers développements dans l'exploration du Pacifique. Bougainville avait fait escale à l'Île de France à la fin de son propre voyage. Marion du Fresne et Yves de Kerguelen étaient partis de cet endroit pour leurs voyages – quelque peu malchanceux – dans l'Océan Indien méridional et vers le Pacifique occidental. Entretemps, l'Anglais James Cook avait complété son premier voyage et s'embarquait pour son second. Tout cela donnait lieu à de nombreuses discussions parmi les habitants, surtout depuis que Kerguelen avait rapporté des détails pleins d'enthousiasme et d'exaggerations, et que certains collaborateurs de Bougainville, demeurés dans l'île, parlaient des possibilités qu'offraient les îles du Grand Océan. Le Tahitien Ahu-toru, espérant retourner à son île natale, était revenu de France, mais était décédé avant de réaliser ce voeu. Et bientôt on apprit que la seconde expédition de Kerguelen avait eu une fin désastreuse.

Pendant tout son séjour à l'Île de France, de 1773 à 1777, La Pérouse se trouva ainsi au milieu d'influences et de courants contraires. Tout soulignait la nécessité d'établir des plans de voyage bien étudiés, basés sur les connaissances de géographes et de savants de première classe. Et sa propre connaissance de ce qui restait à faire dans le Grand Océan s'en trouva accrue.

Il eut aussi plusieurs occasion de voyager dans l'Océan Indien, jusqu'à Madagascar et aux établissements français aux Indes. Par exemple, en 1773, commandant *La Seine*, un vaisseau de 700 tonnes, il élimina des cartes l'île de Saint-Jean de Lisbonne, île fantôme en laquelle beaucoup de navigateurs croyaient fermement et en conséquence craignaient que les Anglais pourraient s'en emparer. Lors d'une campagne vers l'Inde en 1774 il se trouva aux prises avec une flotte maratte et dut venir à l'aide du port de Mahé et employer toute sa doigté pour rétablir la paix. En 1776, il dut aller à Madagascar où une colonie française périclitait. C'est à l'occasion de cette dernière expédition que son navire, *L'Iphigénie*, qui était en très mauvais état, menaça de sombrer, mais il réussit à la mener à bon port. Comme le dit l'amiral de Brossard: « Cinq ans dans les mers de l'Inde…cela ajoutait un remarquable fleuron aux connaissances d'un officier des mers d'Europe et d'Amérique. » [2]

Rentré en France avec Ternay en 1777, il put passer quelque temps à Albi chez ses parents. Il fut promu lieutenant de vaisseau et nommé Chevalier de Saint-Louis peu après. Mais la guerre de l'Indépendance Américaine avait éclaté, et La Pérouse, nommé commandant de *L'Amazone,* partit bientôt pour les Antilles, avec un convoi de soixante navires, et peu après il rejoignit l'escadre de l'Amiral d'Estaing. Il fit plusieurs campagnes pendant la guerre et revint en France pour demander des renforts. Ceci lui fournit l'occasion de renouer connaissance avec ses collègues dans la marine et au ministère, et de discuter un plan qu'il avait formulé pour un raid sur les forts anglais dans la Baie d'Hudson. Ces idées furent favorablement reçues, mais il dut attendre mai 1772 avant de pouvoir partir. Il dut même opérer en secret afin de conserver l'important élément de surprise.

Sa campagne à la Baie réussit, les forts furent détruits, et les employés de la Compagnie de la Baie et les soldats qui les protégeaient fait prisonnier. La Pérouse les escorta jusqu'à la sortie de la baie et les aida à faire route pour l'Angletere. En outre, il plaça des provisions et conserva des abris pour les trappeurs et autres qui avaient fui lors de son arrivée, et que l'hiver allait forcer de revenir. Cette action généreuse lui valut la gratitude du gouvernement britannique et impressionna favorablement Louis XVI et ses ministres.

Quand la paix revint, La Pérouse put discuter un autre plan qu'il avait élaboré depuis longtemps, un voyage d'exploration dans le Pacifique. James Cook avait été tué à Hawaii lors de son troisième voyage, et il restait encore beaucoup à faire pour compléter la carte du Grand Océan. Bien que la situation financière du royaume ne fût pas brillante, le roi désirait fort que l'expédition soit mise sur pied sans délai. Deux navires, flûtes pratiques décorées du nom un peu plus prestigieux de 'frégates', *La Boussole* et *L'Astrolabe*, furent mis à la disposition de La Pérouse, avec son ami et collaborateur Fleuriot de Langle comme commandant de cette dernière. Et finalement, le 1er août 1785, l'expédition partit de Brest, en route pour l'Atlantique Sud.

La Pérouse avait décidé d'éviter le Détroit de Magellan qui avait été si difficile pour Bougainville, et il doubla le Cap Horn sans aucun problème, remontant ensuite sur Concepción du Chili. C'est de là que le voyage d'exploration proprement dit commença – si l'on ne compte pas la recherche dans l'Atlantique de plusieurs îles imaginaires qu'il élimina des cartes. Quittant Concepción le 17 mars 1786, il fit route sur l'île de Pâques où il arriva le 9 avril.

On remarque lors de cette brêve escale certains traits que l'on retrouve dans le personnage de "La Peyrouse". Bien reçu, mais victime de nombreux larcins de la part des insulaires, il décida, non pas de se venger, mais de les punir par un départ soudain pendant la nuit: « je me flattois qu'au jour, lorsqu'ils n'appercevroient plus nos vaisseaux, ils atribueroient [sic] notre prompt départ, au juste mécontentement que nous devions avoir de leur procédés, et que peut-être cette réflexion les rendroit meilleurs. »[3] C'est un exemple de la dignité et du sens de justice qui marquent le personnage,

A ce stage de sa navigation, La Pérouse aurait dû, selon ses instructions, continuer sa route sur Tahiti, mais il vira au nord vers les îles Hawaii. Il avait décidé d'entreprendre l'exploration du Nord-Pacifique aussitôt que possible, et donc durant les mois d'été. Détour logique qui le mena en premier lieu aux îles Maui et Kaloolawe, partie des Hawaiis. Les insulaires se montrèrent fort amicaux, ce qui fit penser que James Cook les avaient provoqués, probablement sans le réaliser. Il continua sa route vers la côte nord de l'Alaska qu'il trouva, couverte de brume, le 23 juin. Il navigua alors lentement vers le sud, à la recherche d'un mouillage convenable. Il en trouva un où il put établir un camp à terre, qu'il nomma Port des Français. C'est la Baie Lituya de nos jours.

Bien que l'endroit fût froid et sujet à tempêtes, les Français l'explorèrent soigneusement pendant une dizaine de jours. Ils furent de nouveau victimes de vols, perdant plusieurs instruments astronomiques et le registre des observations, larçins que La Pérouse condamna amèrement : « j'admettrai enfin si l'on veut qu'il est impossible qu'une société existe sans quelques vertus, mais je suis obligé de convenir que je n'ai pas eu la sagacité de les appercevoir. »[4] Le séjour fut en outre marqué par une tragédie: la perte de six officiers et quinze hommes noyés en effectuant des sondages près de l'embouchure de la baie.

L'expédition continua son travail, explorant autant qu'il lui était possible la longue et sinueuse côte, pleine d'indentations, de l'Alaska jusqu'à la côte ouest de la grande île de Vancouver, et arriva enfin à l'établissement espagnol de Monterey. C'était le 14 septembre. Après un séjour agréable, qu'ils trouvèrent trop bref, les Français traversèrent le Pacifique en direction de l'Asie. Le 2 janvier 1787, ils mouillaient à Macao. La Pérouse y passa un mois, puis se dirigea sur Manille et de là commença son exploration de la côte du nord-est de l'Asie. Partie dangereuse du voyage, autant pour les brumes continuelles qu'à cause des efforts que faisaient les Coréens et les Japonais pour empêcher les étrangers d'approcher leur côtes. Moins dangereux était le Détroit de Tartarie, entre la Sibérie et la longue île de Sakhaline qu'il explora en juin et juillet.

Ensuite vint une escale à Petropavlovsk, où les Russes furent amicaux et hospitaliers. C'est ici que La Pérouse reçut de nouvelles instructions de Versailles, lui ordonnant de se rendre en hâte dans les Nouvelles-Galles du Sud afin de vérifier les actions des Britanniques qu'on disait être déjà en route pour coloniser cette partie de l'Australie. Quittant le Kamchatka fin septembre, La Pérouse fit route vers le sud, s'arrêtant en route à l'île de Tutuila, dans l'archipel de Samoa. C'est là que l'expédition subit de nouvelles pertes, le massacre de Fleuriot de Langle et de onze de ses officiers et matelots par les insulaires.

La Pérouse résista à la tentation de se venger sur les Samoens de peur d'atteindre des innocents. Encore une fois, bien qu'il ait perdu toutes ses illusions sur les insulaires qu'il avait cru coulaient « au sein du repos des jours purs et tranquilles », il plaça la justice au tout premier rang, attitude qu'on retrouve dans la pièce de théâtre.

Quand *La Boussole* et *L'Astrolabe* arrivèrent à Botany Bay, elles trouvèrent le Capitaine Phillip et sa 'Première Flotte' de soldats et de forçats, récemment arrivés eux-mêmes, mais en train de déménager de la Baie Botanique au Port Jackson à quelques kilomètres au nord, le site de la présente ville de Sydney. Les relations entre les Français et les Anglais furent des plus cordiales, et La Pérouse put établir un camp à terre, radouber ses navires, et envoyer son courrier et ses papiers en France. Sa correspondance, acheminée sur Versailles par le Royaume-Uni, comportait ses plans pour la dernière étape du voyage, notamment une brève exploration de la côte méridionale de la Nouvelle-Calédonie, des Louisiades et des Salomons, et retour en France après une escale à l'Île de France. Il comptait y arriver en décembre 1788 et en France trois ou quatre mois plus tard.

Le 10 mars 1788, les deux navires levèrent l'ancre. Les matelots de la flotte anglaise les virent passer, faisant route vers le nord, non loin de la côte. On ne les revut jamais.

Les Recherches

L'inquiétude commença à se faire sentir dès la première partie de 1789. Aucune nouvelle de l'Île de France, silence total ailleurs. Tous les capitaines, anglais aussi bien que français, en partance pour les Indes ou la Chine, reçurent ordre de demander si l'on avait vu des traces d'un naufrage quelque part. La Révolution avait éclaté, mais les savants qui étaient partis avec La Pérouse étaient les collègues de ceux qui avaient contribué en grande partie à la naissance des nouvelles idées égalitaires. Louis XVI et son ministre Fleurieu, un grand ami de La Pérouse, malgré tous leurs problèmes, s'inquiétaient du sort de l'expédition. Dès avril 1790, l'Académie des Sciences examina la question d'une expédition de recherche; un membre d'un sous-comité de la Société d'histoire naturelle s'exclama, dans un élan d'éloquence patriotique: « Qu'ils reviennent sur nos bords, dussent-ils mourir de joie en embrassant cette terre libre! » L'historien Jean-Baptiste de la Borde proposa qu'une expédition fût organisée sans plus tarder, avec une souscription publique de 600,000 livres. Des marchands de Lorient demandèrent l'autorisation de se rendre au Kamchatka, proposition plus commerciale que pratique qui ne fut par retenue. Seule celle d'Aristide-Aubert Dupetit-Thouars semblait plus réaliste, mais elle n'aboutit qu'à un désatre financier et personnel. Une autre proposition, plus détaillée, fut soumise au roi en février 1791 et signée sans le moindre délai. Louis XVI aurait, même quand l'échafaud l'attendait, demandé « A-t-on des nouvelles de Lapérouse? »[5] Ceci mena éventuellement à la grande expédition d'Antoine-Raymond-Joseph de Bruny d'Entrecasteaux de septembre 1791.

Bruny d'Entrecasteaux partit avec deux navires, *La Recherche* et *L'Espérance*, faisant voile pour l'Australie. Il fit un détour par les îles de l'Amirauté à cause d'une rumeur que des débris de naufrage y avaient été trouvés. Fausse rumeur qui lui fit perdre beaucoup de temps. Il descendit vers la Tasmanie et y fit des recherches importantes, car il avait à bord des savants, naturalistes et autres, qui donnèrent une valeur spéciale à son expédition. Il contourna l'Australie de nouveau, poussa jusqu'à Tonga, mais il ne ne trouva aucune trace de La Pérouse – bien qu'il ait passé tout près de l'île de Vanikoro, dans le groupe des Santa Cruz, qui était l'endroit où le naufrage avait eu lieu. Exténué, il mourut en juillet

1793, et quelque temps après, par suite de disputes continuelles entre royalistes et républicains parmi les officiers et les savants, l'expédition s'effondra lors d'une escale aux Indes néerlandaises.

Le mystère de La Pérouse persistait. La public s'y intéressait toujours, mais la Révolution, la Terreur, le Directoire et les guerres qui ravageaient l'Europe, défrayaient bien davantage les chroniques. Le récit du voyage avait été publié en 1797, suivi de traductions en anglais, allemand et autres langues, mais les ventes du livre étaient lentes. La veuve de La Pérouse, qui devait recevoir une partie du prix de vente, se trouvait dans une situation difficile, que Napoléon améliora quelque peu en lui accordant en 1804 une pension de 2,400 francs.

Ainsi, lorsque *La Peyrouse dans l'isle de Tahiti* parut en 1806, le public savait que le célèbre navigateur avait complètement disparu, son expédition perdue sans doute corps et biens quelque part dans l'Océan Pacifique. Mais c'était un mystère plutôt défraîchi, et comme la pièce n'apportait pas de solution et que d'autres événements attiraient l'attention du public, l'auteur ne trouva pas de preneur parmi les théâtres parisiens ou provinciaux.

Ce ne fut qu'en 1827 qu'on apprit la vérité. Les deux navires avaient fait naufrage lors d'un cyclone sur l'île isolée de Vanikoro. Il est probable que quelques rescapés purent s'établir à terre et même construire une petite embarcation pour tenter de gagner l'Australie ou l'Indonésie, mais à l'époque il n'y avait plus aucun survivant.

*

Aoutourou est la transcription phonétique d'Ahu-toru, nom du jeune Tahitien que le chef Eréti avait présenté à Bougainville dans l'espoir qu'il le prendrait à bord. « J'ai accepté cet Indien, [sic] lequel peut devenir de la plus grande utilité à la nation. Je l'ai nommé Louis. »[6] Notons que Bougainville lui donnait son propre prénom. Quelque temps plus tard, Ahu-toru prit le nom de famille du navigateur devenu son protecteur, et s'appela 'Poutaveri'

C'était le 15 avril 1768, jour du départ. Ahu-toru s'intéressa fort aux manoeuvres nécessaires pour sortir de la passe, fort dangereuse pour ces gros navires, et la navigation qui suivit. « [Il] a observé les étoiles, nous en a nommé une douzaine, nous a montré par les étoiles dans quel air de vent restoit son pays et qu'en gouvernant au NNO nous arriverions en deux jours à une terre habitée par une nation alliée de la sienne, garnie de tous les rafraîchissemens que nous pouvions désirer et surtout de femmes à notre service... Voyant qu'on continuait la même route et croyant sans doute qu'on ne l'avoit pas bien compris, il s'est jetté [sic] à la barre et, se saississant de la roue, il vouloit mettre le vaisseau dans la route qu'il indiquoit. »[7]

Peu surprenant qu'Ahu-toru ait cru que les Français cherchaient encore des femmes, après toutes leurs aventures à Tahiti. Cette action de sa part indique la compréhension qu'il avait déjà des manoeuvres nécessaires à modifier la route de l'étrange vaisseau où il se trouvait, mais elle donna l'impression à certains des officiers et savants que, venant de l'île qu'ils avaient appelé Nouvelle-Cythère, il était lui-même à la recherche d'aventures amoureuses. L'écrivain de *La Boudeuse*, homme assez grognon, avait noté dans son journal quand Ahu-toru s'était embarqué que, « le principal mobile qui le fait agir est l'envie qu'il a de se marier pour quelque temps avec des femmes blanches ».[8] Naturellement, il ne lui était pas facile de communiquer avec ces Français qui ne parlaient pas sa langue. Bougainville établit avec lui un petit vocabulaire franco-tahitien, mais Ahu-toru eut toujours des difficultés avec la langue française dont certains sons étaient totalement inconnus en Polynésie. Si bien qu'en France le savant Charles de la Condamine l'accompagna chez Jacob Pereire, l'introducteur en France d'une nouvelle méthode pour l'éducation des sourds-muets. Pereire envoya ensuite un rapport sur cette entrevue au secrétaire d'État Henri-Léonard Bertin.[9]

L'expédition quitta bientôt la Polynésie et commença sa navigation parmi les îles mélanésiennes. Ahu-toru ne pouvait comprendre leurs langues, ni se faire comprendre d'eux. Leur aspect, si différent de celui des Tahitiens, il trouva repoussant. Et au fur et à mesure que le voyage continuait, n'ayant rien à faire et souvent rien à voir, il commença à s'ennuyer. Bougainville heureusement s'occupait de lui, et le nourrit à sa table lorsque les provisions générales vinrent à manquer – c'était au moment où certains des savants et officiers se mirent à faire la chasse aux rats de la cale, pour les ajouter à la soupe quotidienne. Mais quand il arriva à Batavia, il fut fort impressionné par la vie bruyante de ce port néerlandais. Mais encore plus par le Port-Louis de l'Île de France, plus propre que Batavia dont les canaux étaient pleins de déchets, et habité celui-là par les compatriotes de son hôte. Bougainville le présenta à plusieurs personnalités de la ville. C'est ici que certains savants, tels que le naturaliste Commerson, quittèrent l'expédition.

C'est donc à Port-Louis qu'Ahu-toru fait ses adieux à Jeanne Baret, la servante et collaboratrice de Commerson qui avait fait le voyage déguisée en homme. Certains matelots et même quelques officiers avaient déjà soupçonné le sexe de cette femme, mais elle était si bien déguisée et travaillait si dur – la bête de somme du naturaliste, comme certains disaient – que le doute subsistait. Toutefois, à Tahiti, les insulaires, dont Ahu-toru, indiquèrent sans délai qu'elle n'était pas un homme, mais bel et bien une femme, sinon un eunuque.

La Boudeuse arriva à Saint-Malo le 16 mars 1769. Sans délai aucun, Bougainville partit pour Versailles, accompagné du Prince de Nassau-Siegen, qui avait fait le voyage en qualité de passager, et d'Ahu-toru. Le Tahitien, émerveillé, admira la campagne et les villages que l'on traversait. Encore plus merveilleux fut l'arrivée à Versailles trois jours plus tard. Bougainville s'empressa d'aller aux bureaux de la marine annoncer son retour, tandis que Nassau-Singen montrait à Ahu-toru le palais du Roi de France et les jardins qui l'entourent. Ceci fait, Bougainville repartit pour Paris, déposa le Prince à son hôtel et s'arrêta devant sa propre maison. Il remit Ahu-toru aux soins des domestiques qui le conduisirent dans une chambre d'ami.

Pendant les semaines suivantes, ce fut toute une série de visites chez des amis et dans les ministères. Bougainville emmena Ahu-toru avec lui, le présenta dans les salons, et aux ducs de Choiseul et de Praslin. Madame de Choiseul les invita à dîner et promit que le Tahitien, ce prince de la Nouvelle-Cythère, ne manquerait de rien lors de son séjour en France. Et alors c'est la visite à Louis XV qui addresse quelques mots de bienvenue au Tahitien, qui sourit et s'incline en réponse. Du coup, tout le monde veut voir ce jeune homme qui vient d'une île si lointaine et si étrange. Et il est possible que quelques dames du beau monde lui offrirent quelques faveurs particulières. Il est certain qu'il a été fort bien accueilli par bon nombre de Parisiennes, et que suivant la coutume qu'il avait remarquée lors de l'escale des Français à Tahiti il leur a offert quelques menus cadeaux pour les remercier de leurs faveurs, cadeaux sous la forme des écus que Bougainville lui fournissait pour ses menus frais.[10] Il aimait particulièrement les visites qu'il pouvait faire à l'Opéra. Spectacles de chants et de danses qui lui rappelaient les danses de son île natale, avec en plus toutes les lumières et l'agitation d'une soirée dans un magnifique théâtre. Ahu-toru qui aimait flâner par les rues, ne craignait pas d'aller à l'Opéra tout seul, et « payait à la porte comme tout le monde ». Il aimait aussi les jardins publics, y faisant des promenades que le poète Jacques Delille a célébrées dans son poème *Les Jardins* :

> ... l'Indien parcourait leurs tribus réunies,
> Quant tout à coup, parmi ces vertes colonies,
> Un arbre qu'il connût dès ses plus jeunes ans
> Frappe ses yeux; soudain, avec des cris perçants,
> Il s'élance, il l'embrasse, il le baigne de larmes,
> Le couvre de baisers...
> ...et son âme attendrie
> Du moins pour un instant retrouva sa patrie.[11]

Tout ceci ne veut pas dire que la présence d'Aoutourou ne souleva pas de commentaires adverses. Certains se demandaient si le départ du Tahitien avait été vraiment volontaire, d'autres pensaient que Bougainville aurait dû refuser de le prendre car la France lui paraîtrait si étrange et sa langue si difficile à comprendre que son séjour ne pouvait être d'aucune utilité à son pays, si jamais il pouvait y retourner. Denis Diderot, en plus d'un compte-rendu du *Journal* de Bougainville, commença son fameux *Supplément au voyage de Bougainville*, mais qui fut publié bien plus tard, sous la forme d'un dialogue entre A et B, exprimant son opinion que le pauvre Tahitien était fort mal à l'aise dans cette société si différente de la sienne, et que la civilisation européenne de toutes façons ne causerait que du mal à la société simple et tranquille qu'était la Nouvelle-Cythère.

Mais en général, la réception d'Ahu-toru et de l'action de Bougainville fut favorable, pour ne pas dire enthousiaste. Toutefois, le Tahitien ne pouvait demeurer trop longtemps à Paris. Bougainville, aidé par la Duchesse de Choiseul, organisa le premier stage de son retour, un voyage à l'Île de France où, l'on espérait, il pourrait finalement trouver un navire en partance pour le Pacifique. Il partit fin mars 1770 sur le *Brisson*, ses frais payés par Bougainville et la duchesse qui lui donna en plus des outils et autres objets utiles pour son avenir à Tahiti.

Il fut heureux de se retrouver à Port-Louis, où l'on se rappelait de lui, mais plusieurs de ses compagnons de voyage étaient morts ou absents, tels que Philibert Commerson qui était maintenant à

Madagascar, et d'autres étaient rentrés en France. Les semaines, puis les mois s'écoulèrent dans l'isolement et la mélancolie. Sa situation sembla empirer quand on découvrit que les fonds que Bougainville avait réservés pour ses frais de séjour et le dernier stage de son retour, un total de 35,000 francs, avaient pratiquement disparu par suite de la banqueroute d'un négociant de l'île. Heureusement pour lui, l'Intendant Pierre Poivre et d'autres amis sympathiques s'occupèrent de lui. Enfin, en 1771, le capitaine de brulôt et armateur Marc Joseph Marion Dufresne et son cousin René Magon offrirent d'organiser un voyage d'exploration, avec quelques aspects commerciaux, qui inclurait une escale à Tahiti pour y rapatrier Ahu-toru. L'accord du Ministre, y compris un soutien financier, fut obtenu, mais cela prit du temps, ainsi que les préparatifs pour ce qui allait être un voyage important de tous les points de vue. Ce n'est en mi-octobre que l'expédition, avec ses deux navires, *Le Mascarin* et *le Marquis de Castries*, est prête à partir.

Ahu-toru avait patienté, passant ses journées en ville et le long des quais. Il avait déjà changé de nom: son nouveau protecteur étant Marion Dufresne, il s'appelait maintenant Mayoa. Les jours se succédaient, mélanges d'espoir et de tristesse, mais, le 18 octobre, il s'embarque, en premier lieu pour l'île de Bourbon où Marion Dufresne doit prendre des provisions supplémentaires. Mais il ne se sent pas bien. Il a de la fièvre et des maux de tête. En quelques jours, la petite vérole se déclare. Marion du Fresne part précipitamment car la petite vérole sévissait à l'Île de France depuis plusieurs semaines et il avait ordre, si Ahu-toru venait à en mourir, d'abandonner son projet de voyage car l'administration ne voulait pas soutenir une expédition dont le but principal était de rapatrier ce célèbre Tahitien.

C'est le 6 novembre que ce triste événement a lieu. Ahu-toru meurt et sera immergé le lendemain, en présence de l'équipage et de l'aumonier qui récite la prière des morts. « Ainsi disparaît de ce monde, qu'il avait voulu parcourir, Mayoa Aoutourou, dit Louis Poutavery, frère adoptif de Bougainville. »[12]

Marion Dufresne continua son voyage, découvrit plusieurs îles dans le sud-ouest de l'Océan Indien, notamment les Îles du Prince-Edouard et les îles Crozet, et arriva en Tasmanie au début de mars 1772, où il rencontra les aborigènes et fit plusieurs recherches importantes. Fin mars il arriva en vue de la Nouvelle-Zélande, contourna l'Île du Nord et entra dans la Baie des Îles le 4 mai. Il lui fallait réparer ses vaisseaux et obtenir de nouvelles provisions, et il établit un camp à terre, abattant plusieurs arbres pour réparer ses mâts. Les Maoris de la baie semblaient heureux de son séjour, bien qu'il se prolongeait, mais le 12 juin 1772 il fut attaqué et massacré avec 26 de ses compagnons. Les recherches que firent ses officiers indiquèrent que le massacre avait été suivi de cannibalisme. Il fut nécessaire d'abandonner les camps de construction et de se protéger en cas de nouvelles attaques. Ce nettoyage comprit également un certain élément de représailles.

Le Mascarin et *Le Marquis de Castries* quittèrent la Nouvelle-Zélande le 13 juillet, faisant voile vers le nord et passant par les Tongas, et arrivèrent à Manille en décembre. Le désastre de la Baie des Îles avait mis fin à toute tentative d'exploration. Non seulement coûta-t-il une grosse somme au Ministère et ruina la famille du navigateur, mais il a laissé un souvenir fort amer d'une tragédie qui est encore difficile à expliquer.

Et Si Aoutourou Avait Survécu ...

La mort d'Ahu-toru semble être un événement que l'auteur anonyme de la pièce ignorait. Sa survie, naturellement, est essentielle, car l'île de Tahiti où La Pérouse fait escale recèle une société totalement différente de ce qu'un navigateur de l'époque devrait s'attendre à trouver dans les Mers du Sud. Ce qui, selon l'auteur, est arrivé à Tahiti est la transformation totale de cette société par un homme qui a visité la France, qui s'est familiarisé avec sa civilisation et qui est revenu chez lui, accompagné, notons-le, de quelques artisans français et de leurs épouses, pour y apporter ses bienfaits et une philosophie nouvelle. Ceci permet la longue discussion entre La Pérouse et Ahu-toru que nous trouvons à la Scène VI du troisième acte.

Mais cette pièce fut écrite presque trente ans après la mort d'Ahu-toru. Le bouleversement social et politique de la France et de l'Europe est probablement la raison principale de l'ignorance de cet événement. Bougainville l'avait appris et en fut bouleversé; les Choiseul de même, mais la mort d'un Tahitien, d'un 'Indien' comme la plupart l'appelaient, n'avait guère défrayé les chroniques. Il n'est pas surprenant que l'auteur l'ait soit ignoré, ou passé outre, sûr que les lecteurs et spectateurs éventuels n'en sauraient rien et accepteraient sans hésiter la possibilité qu'un jeune insulaire avait une fois visité la France et en était revenu en apportant tous les bienfaits, sociaux et matériels, qu'il y aurait trouvés.

Ceci dit, nous pouvons ajouter que l'histoire de la Nouvelle-Zélande et de l'exploration du Pacifique-Sud aurait suivi un autre cours si Ahu-toru avait vraiment survécu. Marion Dufresne aurait continué son chemin vers le grand sud et la Tasmanie avec le jeune Tahitien, et avec lui serait arrivé à la Baie des Îles, où Ahu-toru aurait rencontré les Maoris, des Polynésiens comme lui, dont les ancêtres avaient quitté des îles proches de Tahiti pour s'établir, sept ou huit siècles plus tôt, dans la Nouvelle-Zélande, ou l'Aotearoa pour employer le nom maori, qui était alors entièrement inhabitée. La langue maorie ressemblait encore suffisamment au maohi des Îles de la Société pour qu'Ahu-toru puisse se faire comprendre des habitants de cette baie.

Les *vahinés* de la baie lui auraient rappelé les *wahinés* de son île natale, ces jeunes filles que les Français avaient trouvé si alléchantes et si généreuses avec leurs faveurs; et s'il avait dit aux Maoris que les visiteurs désiraient être leurs *taios* ils auraient facilement compris qu'ils voulaient être leurs *tayos*, l'équivalent maori du mot tahitien pour 'amis'. Les habitants auraient pu signaler par son entremise que les matelots s'attaquaient à certains arbres qui étaient *taboo* ou *tapu*, donc sacrés, que la pêche était interdite dans certains coins de la baie, les empêchant ainsi de commettre des sacrilèges, et en outre les prévenir du danger menaçant que présentait une tribu voisine. Et Ahu-toru aurait pu facilement expliquer qu'il était en route pour Tahiti et que les Français n'avaient nullement l'intention de s'établir dans cette baie qu'ils quitteraient dès que les réparations seraient terminées.

Interprète entre Marion Dufresne et les Maoris, il aurait joué un rôle important, empêché les Français de commettre les erreurs qui leur coûtèrent la vie et évité le massacre dont les causes demeurent mystérieuses encore de nos jours. Les deux navires auraient ensuite poursuivi leur route sur Tahiti, et il serait rentré chez lui avec les cadeaux qu'on lui avaient donnés, et il aurait partagés avec ses compatriotes toutes les découvertes qu'il avait faites dans ce monde lointain et mystérieux qu'était la France.

*

A la Recheche de la Société Idéale

Face aux difficultés de la vie quotidienne, l'homme a toujours rêvé à une société idéale et tranquille. Selon les traditions religieuses et les mythologies des peuples, cette société parfaite a existé dans un passé lointain. C'est le paradis terrestre de la Bible, le royaume de Cronos des Grecs, et tant d'autres. C'est surtout une société rurale, existant dans un climat favorable à de simples formes d'agriculture.

A la base se trouve la famille, essentiellement nucléaire selon le terme: parents, enfants, petits-enfants. Elle peut s'étendre, avec oncles, tantes, cousins – c'est bientôt la Famille. La vie simple, où chacun apporte sa part, résultat de la cueillette, de la pêche ou de la chasse, commence à se compliquer. Un chef, le plus souvent un vieillard respecté, émerge pour régir ce qui devient une communauté. C'est alors que se présentent certains problèmes. Des limites territoriales se dessinent, et un corpus de lois protectrices de la propriété s'établit. Et quand le vieillard vient à mourir, la question de la succession se pose. Si l'on accepte que sa descendance a la priorité, en acceptant le droit d'aînesse, une classe sociale se forme, basée en premier lieu sur sa famille, avec éventuellement l'oppression des membres les moins forts et la suprématie des plus forts, le partage du territoire et souvent le départ des plus aventureux ou de ceux qui ne peuvent plus accepter leur infériorité. La jalousie, l'ambition, donnent naissance à des guerres de conquête. C'est la féodalité, l'établissement de groupes privilégiés, et la congélation d'une société apparemment immuable où la naissance détermine la destinée de ses membres.

Les philosophes commencèrent à se demander si cette immuabilité était inévitable, et si l'on ne pouvait élaborer des structures nouvelles. Ils présentèrent souvent leurs idées sous la forme de société parfaite, adoptant le nom d'utopie, d'après le célèbre roman de l'Anglais Thomas More, paru en 1516. 'Utopie' signifiant 'Nulle Part', les philosophes et les écrivains purent l'imiter sans trop de risques dans une période où l'on condamnait tout ce qui semblait coloré de la moindre trace d'hérésie. Plus tard, par contre, il fut possible d'avancer la thèse que des sociétés idéales encore existaient quelque part, suffisamment isolées pour avoir évité les contagions du monde moderne.

On voyageait de plus en plus loin, vers l'Asie et l'Amérique. Les récits de voyage se font de plus en plus nombreux. C'est ainsi que l'on trouve au dix-septième siècle, *Les Six Voyages de Jean-Baptiste Tavernier* qui retrace son périple en Turquie, en Perse et en Inde; les *Nouveaux mémoires sur l'état présent de la Chine*, de Louis Lecomte; le *Voyage en Perse et en Inde orientale* de Jean Chardin; mais surtout les *Dialogues curieux* de Louis Armand de

Lahontan.[13] Ce dernier impressionna ses nombreux lecteurs par les commentaires qu'y faisait son 'sauvage' de l'Amérique du Nord, ce Huron que l'on appela bientôt 'le Bon Huron'. Notons en passant que le terme 'sauvage' n'était nullement péjoratif, mais venait simplement du latin *salvaticus*, homme des bois, c'est-à-dire vivant dans la nature.

Ce Huron, comme certains des groupes rencontrés par les autres voyageurs, ignorait la corruption, les contraintes sociales et politiques, et les structures religieuses des sociétés européennes. Lahontan avait bonne raison pour critiquer la vie européenne – sa famille avait été récemment ruinée – et être antipathique envers les prêtres qui semblaient vouloir s'imposer et régner comme des seigneurs sur les colonies lointaines. Quand vient le dix-huitième siècle, ce Siècle des Lumières, le Bon Huron semble incarner une sorte de pureté originelle qui a disparu, basée sur la parfaite harmonie entre l'homme et la nature.

C'est au dix-huitième, quand les philosophes commencent à condamner ouvertement l'inégalité et l'intolérance, ainsi que l'absolutisme et le pouvoir de l'Église, que l'Académie de Dijon propose son fameux concours qui pose la question : 'Quelle est l'origine de l'inégalité parmi les hommes et est-elle autorisée par la loi naturelle?' à laquelle Jean-Jacques Rousseau répondra par son retentissant *Discours sur l'origine et les fondements de l'inégalité*. Mais la question se posait toujours: pouvait-il encore exister dans une partie isolée du monde une société non corrompue? On ne l'avait pas trouvée en Amérique, parmi ces 'Hurons', comme Bougainville pouvait le jurer, ayant été indigné par les cruautés qu'il avait vues au Canada parmi les Indiens, amis et alliés ou ennemis des Français. Les navigateurs se dirigeaient maintenant vers les îles du Pacifique. Serait-ce là où l'on trouverait encore des 'Bons Sauvages'.

Rousseau avait ses ennemis, mais il avait aussi de nouveaux admirateurs dont beaucoup simplifiaient ses idées. Parmi ces derniers, Rousseauiste enthousiaste, se trouvait Philibert Commerson, le naturaliste de l'expédition de Bougainville. Commerson s'enthousiasmait facilement. Dès qu'il fut nommé Naturaliste du Roi, il avait composé un 'Sommaire d'observations naturelles' en dix parties, qu'il présenta sans délai au Ministre, programme irréalisable sans le concours d'une vraie équipe d'assistants. Lors de son séjour à l'Île de France, il établit un plan détaillé pour un centre universitaire à Port-Louis, tout en échaffaudant un programme pour une propriété qu'il désirait acheter près de Paris et transformer en « espèce de manoir de philosophe ».[14] Peu surprenant donc qu'après son départ de Tahiti, il se mit à écrire un rapport sur la Nouvelle-Cythère, adressé à son ami Lalande. Il fut publié en novembre 1770 dans le *Mercure de France* sous le titre de 'Post-scriptum sur l'isle de Nouvelle-Cythère ou Tayti'. Il ne laissait aucun doute: l'expédition avait trouvé l'homme naturel, la société parfaite:

> Je puis vous dire que c'est le seul coin de la terre où habitent des hommes sans vices, sans préjugés, sans besoins, sans dissensions. Nés sous le plus beau ciel, nourris du fruit d'une terre féconde sans culture, régis par des pères de famille plutôt que par des rois, ils ne connoissent d'autres Dieux que l'Amour.[15]

D'où enthousiasme des autres Rousseauistes, opposés quelque peu par des sceptiques tels que Diderot. Commerson donnait-il une image juste de cette île vraiment surprenante ? Il fallut attendre la publication du *Voyage autour du monde* en 1770. Bougainville avait déjà haussé les épaules avec un sourire ironique quand on lui avait parlé de la lettre de Commerson. Il avait découvert par Ahutoru et par ses propres observations qu'il y avait bien à Tahiti ce que l'on pourrait appeler des classes sociales, des chefs et des serviteurs, voire des esclaves, et que les combats sanglants n'y étaient pas inconnus. Allait-il rejeter l'image d'une île idyllique, habitée par ce Bon Sauvage que l'on recherchait ? La description qu'il donna de son séjour évitait les excès de Commerson, mais son désir de publier un récit qui attirerait le grand public fit qu'il renforça l'impression d'une île d'amour avec des habitants qui accueillaient les étrangers avec joie et générosité. Le paragraphe clé est devenu célèbre:

> Malgré toutes les précautions que nous pûmes prendre, il entra une jeune fille qui vint sur le gaillard arrière se placer à une des écoutilles qui sont au-dessus du cabestan; cette écoutille était ouverte pour donner de l'air à ceux qui viraient. La jeune fille laissa tomber négligemment un pagne qui la couvrait et parut aux yeux de tous, telle que Vénus se fit voir au berger phrygien. Elle en avait la forme céleste. Matelots et soldats s'empressaient pour parvenir à l'écoutille, et jamais cabestan ne fut viré avec une pareille activité.[16]

Deux choses à noter ici. Premièrement, selon son journal de bord, cette aide inopinée eut lieu à la fin du séjour, quand les matelots s'efforçaient de virer au cabestan pour *remonter* l'ancre, travail bien plus dur que de le descendre. Et deuxièmement, les Français n'avaient pas découvert Tahiti: ils avaient été précédés dix mois plus tôt par Samuel Wallis, un navigateur anglais, commandant le *Dolphin*. Et les Tahitiens les avaient certainement mal accueillis: les Anglais durent avoir recours à leurs canons pour disperser les canots qui les menaçaient, et à leurs mousquets pour essayer de mettre fin aux vols continuels de ceux des insulaires qui réussissaient à s'approcher du navire. Des grêles de pierres et des insultes hurlées par les femmes autant que par les hommes entravèrent les premières négociations. Finalement, les Tahitiens comprirent que les armes à feu de ces étranges visiteurs leur donnaient une supériorité qu'ils ne pourraient vaincre, mais surtout que ces blancs qui avaient si soudainement apparu ne voulaient que des provisions – et quelques faveurs de la part des femmes – et avaient l'intention de partir aussitôt que possible. Quand d'autres blancs apparurent l'année suivante, cette fois-ci avec deux de ces énormes navires à voile, ils comprirent qu'il serait possible de s'en débarrasser après quelques jours. C'est ainsi que Bougainville, au lieu d'être assailli par des pierres et des insultes, reçut immédiatement des cadeaux de fruits et d'autres provisions, ainsi que des invitations très claires de nombreuses jeunes filles. A terre, les Tahitiens lui montrèrent les ruisseaux d'eau fraîche qu'ils savaient que les blancs recherchaient.

Ainsi, l'île d'amour, la Nouvelle-Cythère, la patrie des bons sauvages, s'offrit aux Français sans délai, parmi des cris d'enthousiasme et des chants de bienvenue. Grâce à Samuel Wallis, l'utopie si lontemps imaginée se réalisa devant leurs yeux.

Plus tard, naturellement, Bougainville apprit la vérité, mais l'image utopique de Tahiti s'ancra rapidement dans l'esprit de ses contemporains, et l'on peut dire que, grâce à son climat et à sa beauté naturelle, et aux efforts des agences de tourisme, elle survit encore.

*

La Littérature du Voyage

La seconde partie du dix-huitième siècle marque le début d'un développement scientifique et politique qui a transformé la société europénne, et qui s'est étendu jusqu'au monde relativement fermé du Pacifique. Les Espagnols, avec quelques incursions des Hollandais, avaient dominé cette vaste région, mais s'étaient bientôt contentés de maintenir un lien entre l'Amérique et les Philippines, par le voyage annuel du fameux 'galion de Manille'. C'est avec le développement de l'empire britannique, qui inquiéta rapidement la France, que l'on voit des expéditions pénétrer dans ce que l'on a appelé 'le lac espagnol'.

En 1764, le Commodore John Byron part avec deux vaisseaux à la traverse du Pacifique; puis c'est le tour de Samuel Wallis, suivi de près par Bougainville. Mais les historiens avaient déjà tracé les grandes lignes des recherches à faire. En 1756 Charles de Brosses publia son *Histoire de la navigation aux terres australes* qui était non seulement un exposé détaillé et précis des voyages, mais en plus un appel à la France d'entreprendre elle-même des voyages d'exploration qui apporteraient des bienfaits à l'Europe entière. Ce livre fut rapidement traduit en anglais par John Callander – sans révéler qui en était l'auteur et en remplaçant l'appel à la France par un appel à la Grande-Bretagne ! Plus généreux fut Alexander Dalrymple, l'auteur de *An Account of the Discoveries made in the South Pacifick Ocean previous to 1764* publié en 1767 et un ami et admirateur du Président de Brosses. Les sociétés savantes, anglaises et françaises, exprimèrent leur propre admiration pour ces travaux, et les hommes politiques des deux pays en tinrent compte en établissant leurs plans stratégiques. En 1768 commencèrent les trois voyages de James Cook, le grand explorateur du Pacifique, avec les voyages de Jean François Marie de Surville (1769), Marc Joseph Marion Dufresne (1771), Yves Joseph de Kerguelen (1771 et 1773), et finalement celui de La Pérouse (1785) qui donna lieu à l'expédition de recherche d'Antoine Raymond Joseph de Bruny d'Entrecasteaux (1791). Les naturalistes anglais et français furent inondés de nouveaux spécimens botaniques, zoologiques et géologiques ainsi que des rapports sur les découvertes faites par les navigateurs. Les géographes purent perfectionner leurs cartes, et les philosophes se mirent à débattre les questions soulevées par la découverte de nouvelles sociétés dans ces îles lointaines, leurs langues, leur origine, leurs coutumes. Ils avaient deux exemples de la nation tahitienne parmi eux: Ahu-toru amené en France par

Bougainville et Omaï amené en Angleterre par James Cook. Et très rapidement, les nouvellistes et les auteurs dramatiques se mirent de la partie.

Même avant la publication du *Voyage* de Bougainville, Nicolas Bricaire de la Dixmerie fait paraître son *Le Sauvage de Tahiti aux Français*, suivi d'un envoi aux *Philosophes amis des sauvages*. Le débat commence, repris bientôt par Diderot avec son *Supplément au Voyage de Bougainville*. En 1779 Taitbout écrit son *Essai sur l'isle d'Otahiti*, suivi en 1782 de *l'Histoire des révolutions de Taïti* de Poncelin de la Roche-Tillac, et en 1790 de la *Narration d'Omai, insulaire de la mer du Sud* de Guillaume Baston, écrivain que l'on a appelé le précurseur des romanciers océaniens.

Toutefois, c'était la disparition de l'expédition La Pérouse qui déjà passionnait l'Europe. Dramatique certes, tragique sans aucun doute, elle avait son côté romantique: deux vaisseaux de la marine nationale avaient disparu dans des mers inconnues à l'autre bout du monde. Les équipages avaient-ils survécu, vivant dans une île tropicale, sur des plages ensoleillées, parmi un peuple aux coutumes étranges, heureux peut-être dans un paradis primitif ? Il était possible, sur cette base optimiste, de donner libre court à son imagination.

Ce mystère permettait à la France de s'échapper un peu de la sombre réalité d'un pays traumatisé par la Révolution, par l'exécution d'un roi, par la Terreur, par la guerre. Savants, marins et autre pouvaient oublier les difficultés de la vie quotidienne en discutant de La Pérouse. La question d'une expédition n'était pas la préoccupation des seuls administrateurs de la Marine. L'Assemblée nationale discuta avec ferveur les propositions de Dupetit-Thouars et de Fleurieu pour des expéditions de recherche. Et Louis XVI, malgré tous ses problèmes, n'oublia jamais les marins français perdus quelque part dans le Grand Océan. Il avait d'ailleurs été le premier à fournir des fonds pour soutenir les plans de Dupetit-Thouars.

Qu'ils vivent à Paris ou en province, en France ou à l'étranger, les lecteurs ne manquaient pas de récits du voyage. Le premier fut le *Journal historique de Lesseps*, ou pour en donner le titre complet: *Journal historique de M. de Lesseps, Consul de France, employé dans l'expédition de M. le Comte de La Pérouse en qualité d'interprète du Roi; depuis l'instant où il a quitté les frégates françoises au port Saint-Pierre-et-Saint-Paul du Kamtschatka jusqu'à son arrivée en France le 17 octobre 1788.* Membre de l'expédition, Barthélémy de Lesseps l'avait quittée à

Petropavlovsk, pour porter à Versailles les lettres et journaux de l'expédition. Il fit un voyage épique à travers la Sibérie et la Russie pour aboutir en France avec ces documents, fort précieux, sur le voyage. Publié à Paris en 1790, son récit parut en anglais à Londres la même année. En 1791, des traductions parurent à Berlin et à Utrecht, en 1793 à Upsala, en 1794 à Naples et, un peu plus tard, en 1801, à Moscou.

Egalement en 1790, Jean-Benjamin de Laborde, dont les deux fils avaient péri dans le désastre de Lituya Bay, publia *Mémoire sur la prétendue découverte faite en 1788 par des Anglois...suivi d'un projet de souscription pour un armement destiné à la recherche de M. de La Pérouse qu'on croit avoir fait naufrage sur quelque côte de la Mer du Sud. On propose que cet armement soit commandé ou au moins dirigé par M. de Bougainville*. Restait à publier le journal même de La Pérouse, jusqu'à son arrivée à Botany Bay. Cette tâche fut confiée à un général de brigade, M.L.A. Milet-Mureau. Son *Voyage de La Pérouse autour du monde*, publié conformément au décret du 22 avril 1791, en quatre tomes, parut à Paris en 1797. C'était un livre sérieux, qui contenait non seulement le texte des divers décrets de l'Assemblée et le récit du voyage, mais la liste des instruments d'astronomie et autres et des livres emportés pour le voyage, ainsi qu'une collection de mémoires d'une dizaine des participants.

Une seconde édition sortit en 1798 et, la même année, la première des traductions anglaises. L'année suivant, ce fut le tour de Stockholm, Leipzig, Berlin et Copenhague; en 1800 de St Petersbourg; en 1801 d'Amsterdam, de Boston et de Cracow.

Les poètes et les dramaturges s'en mêlèrent. André Chénier mentionne les voyageurs dans son 'Poème sur l'Amérique', mais ce fut surtout la pièce d'August Friedrich von Kotzebue qui attira l'attention. Il avait déjà écrit une pièce située en Amérique du Sud, *Die Spanier in Peru*, quand la disparition de La Pérouse devint un sujet de discussion générale. Son *La Peyrouse: Ein Schauspiel*, joué en 1797 et publié en 1798, fut un succès immédiat. La pièce fut traduite en hollandais, en italien, en anglais (trois éditions de 1799 à 1800 à Londres, Dublin et New York). Elle fut jouée au grand théâtre de Drury Lane, avec un sous-titre larmoyant : « O Nature, que tes malheurs nous touchent ! O comme ils affectent et font fondre en larmes les yeux d'une mère ! ».

En 1801, le Theatre Royal de Londres monta son propre spectacle, *La Peyrouse, or the Desolate Island*, par John Fawcett. Publié la même année, le texte nous suggère que Madame de La

Pérouse aurait, dans cette version, retrouvé son époux sur une île près du Japon. Une gravure illustrait cette réunion : « Madame La Pérouse s'évanouit quand elle reconnaît son mari. » L'édition nous signale dans le sous-titre que la pièce avait été jouée « with unbounded applause » – que l'on pourrait traduire « sous des applaudissements démesurés ».

En 1810, Jean-Baptiste Augustin Hapdé offre un spectacle à la salle des Jeux Gymniques, *Lapeyrouse, ou le voyageur autour du monde*. Notons que le nom de l'auteur est quelque peu caché, paraissant dans le programme simplement sous l'indication « par Augustin H ». En 1819 fut présenté au théâtre de la Porte Saint-Martin *Le Banc de Sable, ou les Naufragés français*, un mélodrame musical par trois auteurs, nommés Frédéric, Boirée et Merle. D'autres spectacles furent présentés au cours des années, y compris un ballet en trois actes, composé par Armando Vestris et donné au Real Teatro de Naples en 1822. Même en 1859, on trouve *Le Naufrage de La Pérouse*, un drame en cinq actes et neuf tableaux d'Adolphe d'Hennery, Amédée de Jallais et Henri Thiéry, représenté à la Porte Saint-Martin.

En 1799, nous trouvons une curiosité : une mappemonde appelée « philosophique et politique » de Louis Brion de la Tour. Intitulée *L'Orreur* [sic] *et le Fanatisme fiasant* [sic] *la lumière, mappemonde...où sont tracés les voyages de Cook et de La Pérouse*, elle combinait la géographie et les systèmes politiques.

Parmi les poèmes écrits sur le thème du voyage et de la disparition de l'expédition – et ils sont nombreux – notons *Le Départ de La Pérouse ou les navigateurs modernes*, de Charles Joseph d'Avrigni (1807). Quant aux romanciers, ils avaient commencé dès 1795 à utiliser le thème de la disparition des deux navires pour élaborer des voyages imaginaires ou des utopies. Le premier en ligne est l'anonyme *Découvertes dans la Mer du Sud. Nouvelles de M. de La Peyrouse jusqu'en 1794. Traces de son passage trouvées en diverses isles de l'Océan Pacifique; grande isle peuplée d'émigrés français*. La date en est incertaine. Certains pensent que le livre parut fin 1795, d'autres en 1796. Selon ce livre, les naufragés avaient en réalité émigré et fondé sur l'île qu'ils avaient découverte une société idéale, loin de la démesure révolutionnaire.

Les *Fragmens du dernier voyage de La Pérouse* (1797), probablement l'oeuvre de Jacques Cambry, lui ressemblent un peu. Ils sont censés être basés sur un journal volé par un marin anglais quand La Pérouse était à la Baie Botanique, et tourne rapidement en utopie, avec une société idéale découverte dans une certaine 'Île Bleue'. Cette découverte permet aux voyageurs de s'établir dans cette île délicieuses « dans les bras de jolies Indiennes, loin des fureurs de Roberspierre [sic] ».

Le roman utopique n'était pas une nouveauté. Le Pacifique était simplement devenu un endroit utile pour situer ces sociétés imaginaires. Le premier des utopistes à s'en servir est l'évêque anglais Joseph Hall, un satiriste qui choisit le Grand Océan pour son *Mundus alter et idem sive Terra Australis, ante hac semper incognita* (Un Monde différent mais néanmoins le même, ou la Terre Australe, toujours inconnue jusqu'à présent), publié en 1607. De nombreux auteurs français suivirent son exemple. C'est ainsi qu'un certain I.D.M. situe quelque part dans le Pacifique le royaume d'Antangil, Jacques Sadeur y place sa terre australe, Denis Varaisse le pays des Sévarambes, Armand de Lassay le royaume des Féliciens, l'abbé Coyer l'île de Rivola, et Robert Lesuire la France Antarctique, royaume de la joyeuse Reine Ninon. Le voyageur arrive dans ces pays idylliques ou simplement amusants par un voyage ou un naufrage également imaginaire, mais souvent décrit d'une manière réaliste. L'inspiration provenait en grande partie du célèbre roman de Daniel Defoe, *La Vie et les aventures de Robinson Crusoe*, de 1719, basé sur l'histoire véridique du matelot Alexander Selkirk, abandonné sur une île déserte.

L'imagination des pamphlétaires et autres avait donc libre cours. L'Océan Pacifique était vaste et en grande partie inexploré. Une île imaginée, découverte lors d'un voyage également imaginaire, permettait à l'auteur d'élaborer une société idéale dans un cadre assez vraisemblable. Ceci protégeait en plus l'auteur qui pourrait tomber victime des censeurs, se trouver embastillé, ou quand vint la Terreur être guillotiné.

La Censure sous Napoleon I.

La Révolution avait proclamé, entre autres droits et libertés, celle du théâtre. Libéré de la censure, qui causait tant de délais et souvent forçait les auteurs à modifier leurs textes, le théâtre parisien répondit avec enthousiasme. Bientôt, une cinquantaine de salles, grandes et – la plupart – petites, ouvrirent leurs portes. Ce libéralisme n'allait pas durer. Quand Marie-Joseph Chénier se permit quelques allusions à Robespierre dans sa pièce *Timoléon*, elle fut rapidement interdite. La période de libération qui suivit la

Terreur fut de courte durée. Le Directoire avait desserré les rênes, mais le souvenir du despotisme et de la Terreur était encore trop frais pour que les écrivains prennent des risques. Et avec l'arrivée du Consulat et de l'Empire, on vit la censure revenir.

Le théâtre fut placé sous le contrôle direct du gouvernement, et le nombre de théâtres à Paris fut limité à neuf, chacun se spécialisant dans un certain style, ce qui facilita le travail des censeurs. C'est ainsi que le Théâtre-Français, par un décret obtint le droit, pour ainsi dire le privilège, de présenter les grands classiques, les pièces de Corneille, Racine et Molière. Les autres se tournèrent vers le mélodrame, qui devenait de plus en plus populaire, les vaudevilles ou les opéras-comiques. Napoléon était un grand amateur du théâtre classique, surtout de celui de Corneille, et il espérait en offrant des prix pour les meilleures tragédies découvrir le grand dramaturge qui pourrait illustrer son règne. Il n'eut pas beaucoup de succès : le drame de Marie-Joseph Chénier, *Cyrus*, qui était supposé célébrer le couronnement de l'Empereur, fut un four. Le public préférait les pièces de Beaumarchais, les comédies de Népocumène Lemercier, ou les mélodrames de Guilbert de Pixérécourt.

Rien de ceci ne facilitait la présentation de pièces telles que *La Peyrouse dans l'Isle de Tahiti*. On était déjà en 1806, quand le nombre de salles de théâtre diminuait rapidement et serait bientôt limité par décret impérial. En outre, cette pièce venait après plusieurs autres dans le même genre, et le drame politique où l'on discutait de la liberté et de sociétés idéales était près de son déclin, et tombait de nouveau sous le joug de la censure. Il était plus facile de publier le texte que de le faire jouer. C'est sans doute pourquoi il ne semble pas que cette pièce ait été jouée, mais que l'auteur, gardant soigneusement son anonymité, exprime seulement l'espoir qu'un directeur de théâtre, quelque part, la monterait.

---

[1] *Voyage*, p. 154, inspiré des Psaumes, CXLVII:8, « Le feu, la grêle, la neige, la pluie et le vent de tempête accomplissaient sa prophétie. »

[2] *Lapérouse*, p. 302.

[3] Manuscript du journal de bord, dans *Le Voyage de Lapérouse*, II, p. 77.

[4] *Idem*, p. 149.

[5] Titre utilisé par l'Association Salomon pour son livre de 1997 sur les explorations faites à Vanikoro.

[6] Journal de Bougainville, *Bougainville et ses compagnons*, I, p. 326.

[7] *Ibid,* I, pp. 331-2

[8] Voir *Voyage autour du Monde*, éd. Bideaux, Michel et Sonia Faessel, p. 241.

[9] 'Observations sur l'articulation de l'Indien que M. de Bougainville a amené de l'île de Taïti', dans *Bougainville et ses compagnons*, I, pp. 488-9.

[10] Pour le séjour à Paris et Versailles, voir Martin-Allanic, J.E., *Bougainville navigateur et les découvertes de son temps*, II, pp. 884-9, 964-73, et 980-2.

[11] *Les Jardins*, Chant II, dans *Oeuvres*, éd. Lefèvre, I, p. 68.

[12] Martin-Allanic, J.E., *op.cit.*, II, p. 1325.

[13] *Dialogues curieux entre l'auteur et un Huron de bon sens qui a voyagé*, Paris, 1703.

[14] Sur Commerson, voir entre autres Monnier, J, et al, *Philibert Commerson, le découvreur du bougainvillier*, (Châtillon-sur-Chalaronne, 1993); Role, A, *Vie aventureuse d'un savant: Philibert Commerson, martyr de la botanique 1727-1773*, (Saint-Denis, Réunion, 1973); et Arnaud, E., et al., *Colloque Commerson*, (Centre universitaire de la Réunion, Saint-Denis, 1973).

[15] Taillemitte, E, *Bougainville et ses compagnons autour du monde 1766-1769*, II, pp. 306-10.

[16] *Voyage autour du monde*, édition critique par Bideaux, Michel et Sonia Faessel, (Paris, 2001), p. 204.

Analyse de la Pièce

La Peyrouse à l'Isle de Tahiti n'est pas un drame historique. L'auteur se sert simplement d'une expédition célèbre pour créer une pièce de théâtre qui, morale et politique comme il le dit dans son Avertissement, lui permet de présenter une utopie ainsi qu'une condamnation de certaines pratiques européennes, notamment le code de l'honneur et le duel.

Il ne fonde pas sa pièce sur le mystère du naufrage, comme l'ont fait d'autres. Il lui suffit d'amener La Pérouse à Tahiti pour utiliser son nom dans le titre et ainsi attirer l'attention du public. Il le met alors en présence d'Ahu-toru, autre personnage dont bon nombre de Parisiens avaient entendu parler. Et si La Pérouse n'est jamais allé à Tahiti, Ahu-toru pour sa part n'y est jamais revenu: il est mort dès le début de l'expédition qui devait l'y ramener. En outre, l'auteur simplifie l'expédition de La Pérouse en ne faisant mention que d'un seul navire: la présence du second compliquerait la situation sans rien contribuer à l'action dramatique. Il suffit de la présence d'un navigateur célèbre et de quelques-uns de ses officiers et matelots pour monter un spectacle avec chants et danses, en plus de sa trame dramatique.

Ce coté dramatique est assez simple : coquetterie, un peu d'amour, jalousie, orgueil, possibilité d'une erreur judiciaire évitée de justesse. Il est un peu surprenant que l'auteur ne termine pas sa pièce avec un mariage et une marche triomphante où tous les acteurs chanteraient les louanges de leur île et de l'amour. Le côté philosophique est encore plus simple : Ahu-toru explique à La Pérouse comment la société tahitienne s'est si bien améliorée que la paix, la justice et le bonheur règnent maintenant sous l'administration d'un chef généreux et juste, aidé par les conseils d'un sénat. La constitution a mit fin au despotisme du ou des chefs, le peuple peut avoir confiance en ses représentants, la lutte sociale est évitée, il n'y a aucun signe de répresssion ou d'ambition personnelle. C'est le rêve des philosophes enfin réalisé dans cette île que les contemporains de l'auteur savaient, d'après les rapports de Commerson et de Bougainville, être un paradis tranquille, l'île d'amour.

L'auteur utilise un stratagème important pour présenter à son public son idéal. La société utopique de Tahiti s'est développée à la suite de l'influence d'une France éclairée. Non seulement Ahu-toru est-il revenu de France, où il a beaucoup vu et beaucoup appris, mais il a ramené avec lui des Français, artisans fort utiles, et leurs épouses. Ceci a permis la transformation de la société tahitienne et le développement de nouveaux métiers. La révolution, avec ses émeutes, la Terreur qui a fait tant de victimes, la guerre civile qui a ravagé certaines provinces, tout cela a été évité. Et certains aspects de l'Ancien Régime y ont été importés, car nous notons qu'Ahu-toru a son 'palais' avec ses salons, et que les dames de son entourage ont leurs suivantes. Tout cela dans un cadre rural et estival. Nous sommes presque dans un Petit Trianon océanien.

La trame est simple. La pièce commence avec une scène de pastorale. Les jeunes filles reviennent de la chasse, et présentent par leur conversation les personnages que nous reverrons plus tard. Ceci est interrompu par l'arrivée soudaine d'un navire, dont la proue paraît dans un coin de la scène, à l'arrière-plan. Nous notons que La Pérouse, car c'est lui, fait escale à Tahiti : il n'y est pas naufragé. Les lecteurs qui connaissaient les grandes lignes de son voyage remarqueront ici qu'il n'y a qu'un seul navire et non pas deux : il est facile néanmoins d'accepter que nous sommes en présence d'une pièce de théâtre et que du point de vue dramatique la présence du deuxième vaisseau, d'un second capitaine, avec son équipage, ne servirait à rien et compliquerait l'action et la présentation.

Les jeunes filles se précipitent pour voir ces étrangers qui arrivent, mais Cador empêche Ponine de les rejoindre, ce qui donne lieu à une discussion sur la vie tahitienne et le persiflage français, scène qui se termine par des chants et des danses joyeuses avec le refrain « Qu'on est heureux à Tahiti ». Cette scène permet au sauvetage de Corali d'avoir lieu hors scène, sujet de discussion de la scène suivante entre Dorville et Morlet. Dorville pense à emmener Corali en France, un rêve qui ne pourrait se réaliser car la présence d'une femme à bord un vaisseau de la Royale serait complètement contraire aux règlements et La Pérouse s'y opposerait totalement. Ce dernier alors paraît, et le premier acte se termine par sa rencontre avec Ahu-toru qui lui souhaite la bienvenue.

Au deuxième acte, nous voyons Dorville employer tout son charme de gentilhomme pour ensorceler Corali, et l'arrivée de son fiancé Meridan qui écarte toutes les prétensions de Dorville avec un dédain qui le rend furieux et sera la cause du défi. Quand ils partent, La Pérouse et Ahu-toru arrivent en scène, et ce dernier lui explique la transformation sociale de Tahiti. Vient alors au troisième acte, la scène du défi au duel que Meridan rejette comme une action absurde qui mettrait leurs vies en danger. Dorville, par jalousie autant que pour se venger, tente alors de le défigurer avec son épée, mais Meridan, en se défendant, lui donne un coup de poignard qui semble mortel. Un malheureux cultivateur vient voir ce qui s'est passé, tente de lui venir en aide, et se fait inculper de ce qui semble être un meurtre.

Le dernier acte, la partie morale selon l'auteur, met en scène le jugement, la condamnation presque certaine du cultivateur, et deux coups de théâtre, l'explication de Meridan qui s'accuse et sauve la vie du cultivateur, et la nouvelle que Dorville n'est pas mort. Ceci est suivi de la Fête des Récompenses, qui nous rappelle la Fête républicaine de la Vertu, et qui termine la pièce. C'est ici que l'on s'attendrait à une scène d'apothéose finale, avec chants et procession, prélude du mariage de Meridan et de Corali, mais nous avons simplement un petit discours de la part d'Ahu-toru qui donne à La Pérouse une image du soleil en or massif pour le remercier de sa visite et des efforts qu'il fait pour agrandir la sphère des connaissances humaines.

Les Personnages

La Peyrouse est le nom d'une propriété appartenant à la famile Galaup, que Jean-François ajouta à son patronyme avant de partir pour l'école des gardes de Brest. Toutefois, il le modifia en 'La Pérouse', orthographe qu'il utilisa toujours et qui figure dans la grande majorité des documents et rapports de la Marine. 'La Peyrouse' est un terme occitan qui signifie 'la pierreuse', description sans doute du terrain. On le trouve encore dans le sud-ouest de la France: la ville de Peyrouse est située à quelques kilomètres de Lourdes. L'auteur de la pièce avait à sa disposition le récit du voyage de Milet-Mureau de 1797 ainsi que le *Journal historique* de Barthélémy de Lesseps de 1790, qui tous deux emploient l'orthographe 'La Pérouse', mais il semble avoir opté pour celle des dramaturges Kotzebue et Fawcett, employée également par l'auteur anonyme de *Découvertes dans la Mer du Sud* de 1796.

Le rôle du grand navigateur dans la pièce est assez passif. Il donne quelques ordres à ses hommes, concernant leur attitude envers les Tahitiens et lors de la séance du Sénat, mais en général son rôle se borne à écouter avec approbation les explications qu'Ahu-toru lui donne sur la société et le gouvernement de son île.

Ahu-toru apparaît sous le nom d'Oriscar Aotourou dans la liste des personnages, mais l'auteur l'appelle Oriscar dans le texte. C'est un vieux prénom français trouvé surtout dans les provinces, et longtemps employé au Québec. Quant à Ahu-toru, on pourrait le traduire comme 'triple chaleur', mais il est probable qu'il provient de *tupatupa ahutoru*, expression tahitienne qui indique quelqu'un qui recherchait des faveurs d'un chef. Il est donc possible que ce nom était en quelque sorte descriptif, le jeune homme étant présenté comme ayant demandé au chef la faveur de le présenter à Bougainville et lui expliquer qu'il désirait voyager avec lui.

Corali serait une abbréviation de Coralie, prénom courant à l'époque. La Corali de la pièce est assez légère, un peu coquette, et rappelle aux lecteurs les jeunes filles de l'Ancien Régime. Elle est préoccupée par sa toilette et facilement impressionnée par ce Français qui lui offre un miroir et lui fait la cour.

Ponine était la forme simplifiée du nom Éponine, prénom assez fréquemment employé. Sainte Éponine était l'épouse d'un officier romain d'origine gauloise, qui se fit chrétienne et fut mise à mort vers l'an 79 après Jésus-Christ. Suivante de Corali, elle est plus sérieuse, mais cela ne l'empêche pas de taquiner son propre amant Cador.

Cador est un nom de famille que l'on trouve encore en France. C'est un jeune homme sérieux qui s'inquiète un peu de la présence des étrangers et de la façon dont ils semblent se comporter envers les jeunes Tahitiennes.

Meridan est également un nom de famille français. Jeune sénateur, donc personnalité importante dans Tahiti, il représente le bon sens moderne et fait preuve d'honnêteté et de courage. Notons que ce nom ne paraît qu'une fois avec un accent aigu, bien qu'il est probable que l'auteur pensait qu'il devrait se prononcer Méridan.

Dorville est probablement D'Orville, un nom noble – la famille D'Orville et le château du même nom remontent à longtemps. Il symbolise les jeunes gens de l'Ancien Régime, habitués des salons et prompts à défendre leur honneur s'ils se considèrent affrontés.

Morlet, patronyme moins aristocratique, est un homme plus sérieux, probablement un peu plus âgé que Dorville qui n'est qu'un sous-lieutenant. Néanmoins son ami, il le taquine un peu, gentiment, avec une touche d'ironie, dans l'espoir de modérer ses élans: « Voilà déjà des projets de galanterie », « Voilà nos héros de romans », « Étourdi, sois plus sage ».

Un Matelot Provençal, le seul des matelots qui sort de la foule. Étant provençal, il peut apporter par son accent une touche de comédie à la pièce, mais ses remarques sur les voyages ne manquent pas d'actualité pour le lecteur moderne qui vit à une époque où le tourisme est devenu une activité qu'il appellerait effrenée. Notons toutefois qu'en 1810 fut présenté à Paris un 'tableau historique' intitulé *La Pérouse autour du monde*, précédé d'un « Prologue en Vaudeville, intitulé Le Marin Provençal ».[1]

---

[1] Ian F. McLaren, *Lapérouse in the Pacific*, (University of Melbourne Library, Parkville, 1993), p. 156, et G.G. Marcel, *Bibliographie: ouvrages se rapportant à Lapérouse ou à son expédition*, (Paris, 1888), ref. 107.

LA PEYROUSE

DANS L'ISLE DE TAHITI,

OU

LE DANGER DES PRÉSOMPTIONS,

DRAME POLITIQUE ET MORAL,

EN QUATRE ACTES.

A PARIS,

1806

[3]

AVERTISSEMENT DE L'ÉDITEUR.

ON se rappelle le voyage entrepris autour du monde en 1764, par M. Bougainville, jouissant aujourd'hui, comme membre du Sénat, d'une récompense méritée par ses pénibles et glorieux travaux.

On sait qu'il aborda, dans l'Océan Pacique, l'isle de Tahiti, et qu'un jeune homme d'une des premières familles du pays voulut le suivre en France, pour acquérir des connoissances utiles.

Plusieurs années après, un nouveau voyage fut entrepris par La Peyrouse; et quelque intérêt que la nation françoise ait pris à ce navigateur célèbre, son sort reste malheureusement ignoré.

L'auteur suppose que La Peyrouse a abordé Tahity environ vingt ans après le séjour qu'y fit Bougainville, et qu'il y a trouvé l'autorité entre les mains de ce même Tahitien que Bougainville avoit amené en France.

On présume bien que La Peyrouse, s'annonçant comme l'émule de Bougainville, fut reçu avec distinction par le chef de cette isle, et que ce dernier se fit un plaisir de lui communiquer les maximes sur lesquelles il avoit établi son gouvernement. C'est ici la partie politique du drame.

Quant à la partie morale, elle offre un genre de passion qui est dans la nature, une [4] provocation fondée sur un préjugé barbare qu'il importe de détruire; l'humanité compromise par des secours donnés à l'infortune; le danger des conjectures en matière grave; les erreurs de la sagesse humaine, prête à condamner l'innocence;

la générosité, qui se dévoue pour la sauver; et la solennité d'une fête instituée pour distribuer des récompenses à la vertu.

Le théâtre devant être une école de moeurs, peut-on mieux remplir l'objet de cette noble institution qu'en présentant à une assemblée nombreuse ces principes d'éternelle vérité, rendus plus attachans par des situations dramatiques dans lesquelles ils sont mis en action.

Le tableau des actions généreuses, surtout, doit produire les plus douces émotions; car, à de pareils traits,

> Tous les coeurs sont remplis d'une volupté pure,
> Et c'est-là qu'on entend le cri de la nature.
> GRESSET. (*Le Méchant.*)

Il est dans cette pièce quelques scènes qui exigent une sorte de pompe, et quelques personnages qui ont de la dignité: c'est aux directeurs qui désireroient en entreprendre la représentation, de voir si elle convient aux talens de leurs acteurs et à la manière dont leur théâtre est monté.

[5]

NOMS DES PERSONNAGES.

ORISCAR AOTOUROU, Chef de l'isle de Tahiti.
CORALI, fille d'Oriscar.
PONINE, première suivante de Corali.
CADOR, amant de Ponine.
MERIDAN, jeune sénateur, auquel Corali a été promise.
UN CULTIVATEUR.
UN ANCIEN SÉNATEUR.
UN MINISTRE D'ORISCAR.
LA PEYROUSE, capitaine de vaisseau.
MORLET, lieutenant.
DORVILLE, sous-lieutenant.
UN MATELOT PROVENÇAL.
QUATRE AUTRES MATELOTS.
Plusieurs Personnages muets.

COSTUMES.

Les costumes de habitans de l'isle de Tahity sont les mêmes au théâtre que ceux des habitans du Mexique. La tête couverte d'une espèce de diadême de plumes de différentes couleurs. Le corps nu, à l'exception d'une ceinture également de plumes de diverses couleurs. Les bras et les jambes ornées de bracelets d'or, et les oreilles, de longues boucles. Les femmes portent une légère et courte tunique. Le chef de l'isle porte un manteau d'un riche tissu, ainsi que les sénateurs. Tous les hommes sont armés d'un poignard.

LA PEYROUSE

DANS L'ISLE DE TAHITI.

ACTE PREMIER.

Le théatre représente le bord de la mer, sur lequel sont des arbres fruitiers; Corali est à la chasse avec ses compagnes; une musique champêtre annonce le retour de cette chasse; les femmes arrivent successivement, ayant chacune leur carquois; elles sont accompagnées de leurs serviteurs, portant les oiseaux qu'elles ont tués; elle les examinent pour en faire le partage.

SCÈNE PREMIÈRE.

CORALI, PONINE.

CORALI.

La chasse me paroît assez mince.

PONINE.

Je vous l'ai dit, nous sommes aujourd'hui trop en babil pour être bien en chasse; les oiseaux, perchés, battent de l'aîle quand ils nous entendent, et, preste, les voilà partis.

[8]

CORALI.

N'avons-nous pas au moins quelques perroquets?

PONINE.

Oui, ceux-là sont moins farouches; ils semblent nous écouter pour apprendre notre langage, et nous traitons assez mal nos écoliers.

CORALI.

Paix ! j'en aperçois un sur cette branche. (*Elle décoche une flèche, et le perroquet tombe.*)

PONINE, *le ramassant.*

Il a de superbes plumes; j'en ornerai demain mon front pour aller à la fête des récompenses.

CORALI.

Comptez-vous y avoir part ?

PONINE.

Pas pour demain précisément; mais j'ai trop de plaisir à ces sortes de fêtes pour ne pas désirer y figurer à mon tour.

CORALI.

Ne seriez-vous pas un peu trop légère pour y prétendre ?

PONINE.

Légère ! et peut-il en être autrement ? Ma mère étoit une françoise. Mais cette légèreté n'exclut pas le mérite. Votre père, qui nous gouverne si bien, en auroit-il autant, s'il n'avoit adouci nos moeurs par ses relations avec des françoises ?... Mais à propos de récompenses, vous allez avoir la vôtre: c'est demain qu'on vous marie avec Méridan, le plus jeune et le plus aimable de nos sénateurs ?

[9]

CORALI.

N'ai-je point aussi un compliment à vous faire ? Vous épousez Cador.

PONINE.

Oui, je l'aime, quoique je ne sois pas toujours de son avis; car je le trouve un peu trop grave.

CORALI.

Tant mieux ! il vous formera.

(*On entend du bruit sur le rivage; la proue d'un vaisseau s'avance; des matelots sont sur le tillac.*)

CORALI.

Qu'est-ce ! je n'ai jamais rien vu de pareil. Ce sont peut-être de ces gens curieux qui viennent des extrémités du monde pour nous voir, comme il en est arrivé avant ma naissance : il faut aller à leur rencontre.

(*Elle court avec ses compagnes vers le rivage, mais dans la partie que le spectateur ne peut voir, et qui est la plus proche du vaisseau.*)

SCÈNE II.

PONINE, CADOR. *Cador arrive à l'instant où Corali et ses compagnes se portent du côté du rivage. Il retient Ponine par le bras.*

CADOR.

Un moment.

[10]

PONINE.

Non, mon ami, je veux aller voir aussi cette maison flottante.

CADOR, *d'un ton badin.*

C'est plutôt, je crois, pour voir ceux qu'elle porte.

PONINE.

Pourquoi pas… Crois-tu que ce soient des gens qui parlent aussi bien que nos perroquets ?

CADOR.

J'ai vu dans un livre apporté par Oriscar au retour de ses voyages, qu'il y avoit dans un pays très-éloigné beaucoup de perroquets sans plumes, qui parloient souvent sans rien dire, et qui avoient la griffe traîtresse.

PONINE.

Fripon ! tu fais patte de velour, toi; mais quand nous serons mariés, gare la griffe.

CADOR.

Rassure-toi, ma chère Ponine; l'amour n'a-t-il pas mis nos coeurs à l'unisson ? Nous serons toujours en accord parfait.

PONINE.

A la bonne heure; mais en attendant, viens voir avec moi ce qui se passe sur le rivage.

CADOR.

Nous le saurons peut-être trop tôt.

PONINE.

Si c'étoit des François, j'en aurois bien du plaisir; tu sais que ma mère étoit françoise, qu'elle fut amenée par Oriscar à son retour d'Europe; tu fus ainsi que moi élevé par elle; c'est à cette éducation que je dois ma place auprès de Corali, et que tu dois la tienne auprès de son père.

[11]

CADOR.

Je sais tout cela; mais j'ignore si nous devons nous applaudir de l'arrivée de ces étrangers.

PONINE.

Ils auront besoin de secours; ils nous traiteront en amis.

CADOR.

Peut-être.

PONINE.

Eh bien ! puisque tu ne veux pas aller au-devant d'eux, accompagne-moi du moins cette chanson que tu as faite sur le bonheur dont nous jouissons depuis qu'Oriscar gouverne cette isle.

CADOR.

Charmant détour; tu consens de ne pas aller au-devant de ces étrangers, mais tu veux les attirer par la douceur de ta voix.

PONINE.

Je suis curieuse, je l'avoue; mais j'espère trouver dans la comparaison des motifs pour t'aimer davantage, s'il est possible.

CADOR.

Je vois bien qu'il faut faire tout ce que tu veux.

PONINE.

Mais bientôt aussi ne ferai-je pas tout ce que tu voudras ? Commençons. (*Ils vont s'asseoir sur un banc de gazon.*) N'est-ce pas à vous de me donner le ton, mon maître?

CADOR.

Friponne, tu m'as bien l'air d'aimer à le prendre.

[12]

Cador prend sa flûte, prélude avec Ponine; alors arrivent, des bosquets voisins, de jeunes garçons et de jeunes filles en dansant.

I er.

A Tahiti la folle ivresse
Ne trouble plus les doux plaisirs ;
La raison borne les désirs,
Le bonheur est dans la sagesse.
Nous vivons tous en paix ici:
Qu'on est heureux à Tahiti !

I I e.

Sans qu'il soit besoin de culture,
Par-tout fleurs et fruits précieux,
Pour l'odorat, le goût, les yeux
D'un peuple enfant de la nature.
Dans l'abondance on vit ici,
Qu'on est heureux à Tahiti !

I I I e.

Douce chaîne des coeurs fidèles !
L'estime est ton premier anneau;
L'amour est ici sans bandeau,
Et l'hymen lui coupe les aîles.
Aime-t-on ailleurs comme ici ?
Qu'on est heureux à Tahiti !

(*Les jeunes garçons et les jeunes filles répètent en dansant le chant des deux derniers vers de chaque couplet.*)

PONINE, *se levant avec distraction.*

Je ne voudrois pas, mon ami, qu'on ôtât à l'amour son bandeau; c'étoit un si joli colin-maillard.

CADOR.

Oui; mais ce petit colin-maillard a le jeu perfide, il attrape souvent ceux qui jouent avec lui…

[13]

PONINE.

Voici deux de ces étrangers… Ne conviendroit-il pas de leur présenter des fruits ?

(Elle dit un mot aux jeunes filles, et part avec elles; Cador les suit.)

SCÈNE III.

DORVILLE, MORLET.

DORVILLE.

Nous voilà, mon cher, dans un délicieux pays. Quels chants mélodieux ! quelle douce température ! quelle abondance de fruits !… Quelles jolies filles, et qui parlent notre langue ! On les prendroit pour des Françoises, sans quelque négligence de toilette qui m'annonce qu'elles n'ont point encore l'usage du miroir; mais ma pacotille y pourvoira.

MORLET.

Allons, voilà des projets de galanterie.

DORVILLE.

On n'en forma jamais sous de plus agréables auspices. Conçois-tu bien l'excès de mon bonheur ? Notre vaisseau, poussé par un vent favorable, entre dans ce port. Je vois sur le rivage une jeune beauté suivie de ses compagnes. A son air noble et doux, je la prends pour une déesse de cette isle enchantée. Impatient d'arriver, je saute dans la chaloupe; le même empressement paroît attirer ma divinité vers le navire. Elle s'avance d'un pas précipité; une vague la renverse; je vole à son secours; je l'enlève; je la serre [14] dans mes bras. Je sens son coeur palpiter sur le mien; je la porte ainsi sur le rivage et la remets à ses compagnes.

Juge de mon ivresse ! J'apprends qu'elle est la fille du chef de cette isle. Je veux la conduire à son père, ses compagnes s'y opposent; mais, en me quittant, la Princesse jette sur moi un regard où se peint la reconnoissance avec un air de langueur qui a porté la plus grande agitation dans mes sens.

MORLET.

Voilà, mon cher Dorville, un secret précieux perdu depuis long-tems, et retrouvé par toi sans le chercher.

DORVILLE.

Que veux-tu dire ?

MORLET.

C'est le feu Grégeois dont tu brûles, puisque c'est dans l'eau qu'il t'a saisi.

DORVILLE.

Tu plaisantes sans cesse avec moi avec un sang-froid que rien n'émeut; mais moi, qui suis organisé d'une autre manière, je compte bien tirer parti de cette aventure.

MORLET.

Voilà nos héros de romans.

DORVILLE.

Si j'enlevois cette jeune personne ?

MORLET.

Quelle extravagance !

DORVILLE.

Extravagance, dis-tu ? Je crois qu'elle en seroit charmée; elle ne connoit rien, elle doit être nécessairement curieuse. Je la conduirois à Paris au milieu des délices. Elle est belle, elle arriveroit d'un pays, pour ainsi dire, [15] inconnu. Tous nos agréables en seroient émerveillés; ils envieroient mon sort: cette aventure me feroit un honneur infini. Tu m'aideras, mon cher, dans cette brillante entreprise ?

MORLET, *ironiquement.*

Je n'aspire pas à tant de gloire.

DORVILLE.

Ah ! je l'oubliois; conducteur de navire, tu n'es bon qu'à consulter les astres pour diriger ta course.

MORLET.

Et toi, galant présomptueux, tu crois n'avoir qu'à te présenter pour vaincre.

DORVILLE.

Eh bien ! porte là-haut tes observations sur la planète de Vénus, tandis qu'ici-bas je vais me mettre en rapport avec elle.

MORLET.

Etourdi ! sois plus sage. Voici La Peyrouse.

SCÈNE IV.

(*La Peyrouse arrive suivi des gens de l'équipage. Plusieurs jeunes filles se présentent pour leur offrir des fruits dans des corbeilles.*)

LA PEYROUSE, *aux Matelots.*

Compagnons de mes travaux, cette isle fut abordée par Bougainville, dans son voyage autour du monde, il y a environ vingt années. Il respecta la tranquillité et le bonheur de ses habitans. Je défends, à son exemple, toute espèce de violence; que vos armes à feu, dont l'usage paroît inconnu [16] dans cette isle, ne soient point entre vos mains un instrument de persécution. L'abus de la force est le droit de la tyrannie; ce fut celui des dévastateurs du Nouveau-Monde. Faites respecter le nom François par la sagesse de votre conduite. Méritez l'hospitalité que ce bon peuple vous offre. Recevez les fruits que ces aimables insulaires vous présentent. Donnez-leur en échange ces jolies bagatelles d'Europe qui leur sont inconnues, et qui peuvent ajouter quelque chose à leur parure. Dorville, allons rendre nos devoirs au chef de cette nation, dont le palais est près d'ici; et vous, Morlet, je vous charge de veiller sur l'équipage avec votre prudence ordinaire.

(*Morlet se retire du côté des gens de l'équipage; ceux-ci reçoivent les fruits qui leur sont offerts, donnent quelques présens en échange, témoignant leur satisfaction à ces jeunes filles, et s'en vont en en prenant chacun une sous le bras, lors de l'arrivée d'Oriscar.*)

SCÈNE V.

ORISCAR (*avec deux Officiers de sa suite*), LA PEYROUSE, DORVILLE.

ORISCAR.

Etrangers, quel dessein vous amène ?... ou quel accident vous a jetés sur ces côtes ? Réclamez-vous quelques secours d'un ami de l'humanité ?... Qui êtes-vous enfin ?...

[17]

LA PEYROUSE.

Je suis un de ces hommes avides de gloire, et non de fortune, qui parcourent le monde au milieu de mille dangers, pour découvrir des contrées nouvelles, pour connoître de nouveaux peuples, de nouvelles productions; pour interroger par-tout la nature, et rapporter en tribut à leur patrie les fruits de leurs laborieuses recherches. Je suis Français; je succède à Bougainville; mon nom est La Peyrouse.

ORISCAR.

La Peyrouse !... L'émule de Bougainville, dont je fus l'ami, reçois les témoignages de ma satisfaction. (*Il l'embrasse.*) Ce fut moi qui partis avec lui de cette île, dans l'espoir d'acquérir des connoissances que je pourrois faire servir à la prospérité de ma nation.

LA PEYROUSE.

L'heureuse rencontre !

ORISCAR.

Ce fut moi que Bougainville conduisit en France.

DORVILLE, *à part.*

Et moi j'y conduirai sa fille.

ORISCAR.

Il me présenta à la cour, où vos belles dames me regardèrent du coin de l'oeil, comme un animal curieux.

DORVILLE, *à part.*

Je le crois bien.

ORISCAR.

Prêt à retourner dans ma patrie, je me [18] procurai vos meilleurs livres; j'emmenai avec moi des artistes utiles que suivirent leurs femmes.

DORVILLE, *à part.*

Femmes galantes, apparemment.

ORISCAR.

La nature produit dans cette isle de l'or, du fer et d'autres minéraux, qui n'attendoient que le secours de l'art pour être avantageusement employés.

DORVILLE, *à part.*

Et de jolies filles qui n'attendoient que des François.

ORISCAR.

Nous avons ici propagé votre idiôme, comme propre à étendre les idées d'un peuple nouveau. Ainsi, nous pouvons nous entendre, comme nous pouvons nous aimer.

DORVILLE, *à part.*

Excellent avis pour sa fille et pour moi.

ORISCAR.

Je dois déjà de la reconnoissance à l'un des vôtres. Quel est celui qui a volé au secours de ma fille [?].

DORVILLE, *s'approchant avec empressement.*

C'est à moi qu'étoit réservé ce bonheur.

ORISCAR.

Venez donc recevoir ses remercîmens, et agréer l'un et l'autre un logement dans mon palais.

DORVILLE, *à part.*

Voilà ce que je désirois.

[19]

LA PEYROUSE, *à Oriscar.*

Je reçois avec sensibilité cette marque de bienveillance. Combien je m'applaudis du hasard qui m'a jeté sur ces côtes !

ORISCAR.

Venez donc avec moi, mes amis, votre confiance ne sera pas trompée.

DORVILLE, *à part.*

Eh bien ! tout ne va-t-il pas pour moi le mieux du monde, dans la meilleure des îles possibles.

Fin du premier Acte.

ACTE II.

Le Théâtre représente un salon du palais d'Oriscar.

SCÈNE PREMIÈRE.

PONINE.

C'est une chose bien étrange que la manière dont on raconte l'événement de ce matin. Avec quelle promptitude ce jeune François est venu au secours de Corali ! Comme il l'a portée d'un air triomphant sur le rivage ! Comme il est vif, ardent ! On croiroit qu'il s'est échappé des bras de sa mère au premier instant de sa naissance. Ce jeune homme me paroît avoir quelques projets; [20] il est venu me prier de l'introduire ici auprès de Corali.

SCÈNE II.

PONINE, UN MATELOT, *portant une boîte.*

PONINE.

Que demandes-tu ?

LE MATELOT, *d'un air triste et brusque, avec l'accent provençal.*

Rien.

PONINE.

Qu'apportes-tu ?

LE MATELOT.

Une boîte.

PONINE.

Pour qui ?

LE MATELOT.

Ce n'est pas mon affaire.

PONINE.

De la part de qui ?

LE MATELOT.

Vous le saurez bientôt. (*Il met la boîte sur un siège.*) Adieu.

PONINE, *à part.*

Cet homme a l'air d'un original, il faut le faire jaser. (*Au matelot.*) Pourquoi pars-tu si vite?

LE MATELOT.

C'est que je suis triste, et que je ne ferois que vous ennuyer.

[21]

PONINE.

Est-ce que tu ne te plais pas ici ?

LE MATELOT.

Je m'y plais très-fort, de par tous les diables, et c'est ce qui m'afflige.

PONINE.

Comment donc ?

LE MATELOT.

Ne sommes-nous pas obligés de partir sous peu de jours ?

PONINE.

Est-ce que vous n'avez pas, vous autres marins, beaucoup de plaisir dans vos voyages ?

LE MATELOT.

Je suis las de courir le monde; tout ce qu'on y voit est au rebours du sens commun.

PONINE.

Ah ! ah !... j'ai peine à croire ce que tu me dis.

LE MATELOT.

Là, ce sont des pays où l'on meurt de froid; ailleurs, des climats où l'on meurt de chaud; tantôt, des volcans qui engloutissent des villes; tantôt, des torrens qui ravagent les campagnes; des tigres qui vous dévorent; des tempêtes qui agitent les mers, des vaisseaux qui se brisent, des baleines qui vous avalent. Ils disent que tout cela est le mieux du monde pour exercer l'industrie de l'homme, pour fortifier son courage; le mien est las. [22] Si je pouvois former ici un petit ménage avec une gentille Tahitienne, je m'y reposerois avec bien du plaisir.

PONINE.

Il me paroît que tu vois les choses avec humeur; car j'ai ouï dire que les différens peuples de la terre étoient pour les voyageurs un spectacle intéressant.

LE MATELOT.

Oh ! oui: si vous aimez la bigarrure, vous en trouverez par-tout. Promenez-vous comme nous, vous verrez des visages de toutes manières, blancs, noirs, basanés, olivâtres, couleur de cuivre. Et des têtes!... Ah! Quelles têtes ! têtes à chapeaux, têtes à turban, têtes chevelues, têtes rasées, têtes à perruques.

PONINE.

Je trouve cela fort plaisant.

LE MATELOT.

Tant mieux pour vous. Et si je vous disois tous les genres de folies qui agitent ces têtes !

PONINE.

Ce jeune François qui a sauvé Corali, pense-t-il comme toi ?

LE MATELOT.

Oh ! non, pas tout-à-fait; c'est un fou gai, lui...

PONINE.

Et toi, tu m'as l'air d'un fou bien triste.

[23]

LE MATELOT.

Je me doutois que vous me trouveriez tel, et je me retire avec ce compliment.

SCÈNE III.

CORALI, PONINE.

CORALI.

Je vous ai fait demander, Ponine, pour arranger mes cheveux.

PONINE.

Cela se pourroit faire ici: deux personnes doivent venir vous voir incessament dans ce salon, pour savoir si vous êtes bien remise de votre accident. En attendant, nous pouvons commencer.

(Corali s'assied devant une table, mais sans miroir; la suivante tresse ses cheveux; pendant ce tems la conversation continue.)

PONINE.

Meridan m'a demandé de vos nouvelles avec beaucoup d'empressement. Il reviendra aussitôt qu'il aura terminé une affaire importante.

CORALI.

Ce jeune sénateur jouit d'une réputation distinguée; mon père l'estime. Il veut notre bonheur commun, et me le donne demain pour époux.

PONINE.

Ce jeune Sénateur a du mérite, sans doute; mais il est sévère. Il m'a paru désapprouver que vous soyez ainsi exposée, [24] pour voir des gens qui courent partout, disent-ils, parce qu'ils ne se trouvent bien nulle part.

CORALI.

Que veux-tu, Ponine ? J'ai entendu dire tant de merveilles de ces voyageurs, que je n'ai pu résister à ma curiosité.

PONINE.

A propos ! Ce jeune François, avec quelle vivacité il est venu à votre secours !

CORALI.

C'est un mouvement d'humanité, dont je ne puis que lui avoir gré.

PONINE.

Il y a quelque chose de plus; je crois qu'il vous aime.

CORALI.

Quelle folie ?

PONINE.

Vous en jugerez vous-même; il ne tardera pas à paroître.

CORALI.

Après le service qu'il m'a rendu, je ne puis me dispenser de le recevoir; qu'en penses-tu, Ponine ?

PONINE.

Je pense comme vous... Tenez, voilà qu'il me fait signe pour savoir s'il peut entrer.

(*Ponine lui fait signe qu'il le peut.*)

SCÈNE IV.

CORALI, PONINE, DORVILLE.

DORVILLE.

Plein du bonheur de vous avoir servie, permettez-moi, belle Corali, d'en épancher à vos genoux le sentiment délicieux, et de vous présenter mes adorations.

CORALI, *à Ponine, en souriant.*

Il me prend apparemment pour une divinité !

DORVILLE.

Oui, vous êtes ma déesse !... Mais vous savez que l'idolâtre se plaît à embellir l'objet de son culte... Vos graces sont négligées... On pourroit avec le secours de l'art, leur donner une nouvel éclat. Par exemple, je vois avec peine qu'à votre toilette même vous n'avez pas de miroir.

PONINE.

Un miroir !... Nous ne connoissons pas cela.

DORVILLE.

Et comment vos jeunes filles peuvent-elles donc savoir si elles sont jolies ?

PONINE.

Elles le voient très-bien dans les yeux de leurs amans.

CORALI.

Qu'est-ce donc qu'un miroir ?... A quoi cela sert-il ?

[26]

DORVILLE.

A rendre, dans l'instant même, et de la manière la plus fidèle, la figure placée devant la glace. Ce portrait est changeant et mobile comme son original; il devient triste ou gai, fier ou doux, vif ou tendre, suivant les différentes affections de la personne qu'il représente.

CORALI.

Cela est admirable ! Mon père, qui a vu beaucoup de choses en France, ne m'a point parlé de ce prodige.

DORVILLE, *ouvre la petite cassette qu'il a envoyée, et en tire un miroir.*

En voici un, belle Corali; vous me permettrez de vous l'offrir.

CORALI.

Ah ! c'est moi !... c'est l'image que j'aperçois en approchant de la fontaine de mon bosquet; mais rendue bien plus parfaitement.

DORVILLE.

Voulez-vous voir passer cette image de l'air d'étonnement qu'elle a maintenant, à un air tendre qui lui conviendroit si bien ? Figurez-vous que votre amant est vis-à-vis de vous. (*Il se met derrière le miroir, en face de Corali.*) Alors le sourire va se placer sur les lèvres de votre portrait, et une flamme légère paroîtra jaillir de ses yeux.

CORALI, *se regardant.*

Mais, en effet, c'est un enchantement que cela !

[27]

PONINE, *en s'approchant pour voir l'effet des yeux de sa maîtresse dans le miroir.*

Ah ! les fripons, comme ils ont l'air vif et doux !

DORVILLE, *à part.*

Je triomphe ! (*Il tire un petit chapeau de la boîte.*) Le miroir pourra vous dire encore si ce petit chapeau vous sied mieux que les plumes dont on alloit orner votre front. Permettez qu'on vous l'essaie. (*Il le donne à Ponine, qui le place sur la tête de Corali, d'après la manière qu'il lui indique.*) Regardez maintenant au miroir, Corali, et voyez comme cette ombre, qui frappe les yeux de votre image, les rend encore plus brillans dans le clair obscur.

CORALI, *souriant d'un air satisfait.*

En effet, je trouve que cela sied très-bien.

DORVILLE.

Ce n'est pas tout, charmante Corali. Vous voyez dans les couleurs dont la nature embellit ici les fleurs et les fruits, l'incarnat relever par-tout l'éclat de l'albâtre; vos couleurs naturelles sont affoiblies par l'accident de ce matin; souffrez que l'art y supplée, et qu'un léger essai de cette composition donne la teinte de la rose à la blancheur de vos joues.

(*Il montre à Ponine comment elle doit employer le rouge qu'il présente.*)

PONINE, *considérant sa maîtresse.*

Cela est délicieux. Regardez-vous, Corali; votre miroir vous dira la vérité.

[28]

CORALI.

Oui; mais mon visage mentira par l'effet d'un éclat emprunté. Ponine, j'éprouve quelque scrupule à employer cet artifice.

PONINE, *à Dorville.*

Et d'où cela vient-il ?

DORVILLE, *avec enthousiasme.*

De Paris ! Paris est le séjour des merveilles ; c'est là sur-tout qu'on connoît l'art de lever les scrupules.

(*Il chante et danse tout à-la-fois.*)

Paris est la patrie
Des Arts et de l'Amour ;
A Françoise jolie
Les plaisirs font la cour :
C'est-là qu'on rit, on chante, on danse ;
Vive Paris ! Vive la France !

PONINE.

Il est divertissant…

DORVILLE.

Qu'il me seroit doux de vous y conduire, belle Corali ! Votre père a fait ce voyage ; ne pourriez-vous pas imiter cet exemple ? Et vous reviendriez bientôt, suivie des arts et des plaisirs, donner une nouvelle existence à une nation qui n'attend plus que cet événement pour parvenir au suprême degré de bonheur.

[29]

SCÈNE V.

MERIDAN, CORALI, PONINE, DORVILLE.

MERIDAN.

Enfin, Corali, je puis jouir de votre présence, et m'assurer moi-même... Mais quel ornement étranger !... Quelle rougeur extraordinaire anime votre teint !...

CORALI, *avec ingénuité, à Ponine.*

Eh bien ! ne m'étois-je pas doutée que nous faisions mal ?...

DORVILLE.

Monsieur, ce secours de l'art convient à la circonstance.

MERIDAN.

C'est un art de l'Europe, sans doute ?... Mais parmi nous les graces naturelles, et la bonté sur-tout, n'ont pas besoin de secours étrangers pour obtenir tous les hommages.

DORVILLE, *à part.*

Cet homme est mon rival. (*A Meridan.*) Il m'étoit bien permis, je crois, d'offrir quelques légers présens à la charmante Corali, en reconnoissance de l'hospitalité que son père nous accorde.

MERIDAN.

Oui, sans doute; mais il falloit en demander la permission à son père.

(*Corali, pendant ce tems, se détourne sans affectation pour ôter le chapeau, et effacer le rouge de ses joues.*) *Elle sort avec Ponine.*

[30]

DORVILLE.

La demander !... Monsieur ?... N'étoit-elle pas due à celui qui s'est exposé pour sauver les jours de la belle Corali ?

MERIDAN.

Vous avez dû ce bonheur au hasard. Vous n'en eussiez point joui si j'avois été présent; oser s'en prévaloir, c'est montrer qu'on n'en est pas digne.

DORVILLE, *d'un ton animé.*

Eh ! de quel droit me parlez-vous ainsi ? Le citoyen d'une nation, civilisée depuis tant de siècles, a-t-il des leçons à recevoir d'une espèce d'être sauvage ?

MERIDAN.

L'antiquité de la civilisation en présage souvent la décadence. Nous vivons ici sous un gouvernement neuf, qui connoît la loi des bienséances et de l'honneur.

DORVILLE, *à part.*

De l'honneur ! c'est ce que nous verrons.

(*Il sort avec l'air du mécontentement; Meridan sort d'un autre côté. Oriscar entre avec La Peyrouse.*)

SCÈNE VI.

LA PEYROUSE, ORISCAR.

LA PEYROUSE.

J'attendois avec impatience cet entretien. Observateur des climats que je parcours, je m'attache sur-tout aux moeurs de leurs habitants. Cette île, que j'aurois crue [31] sauvage, présente par-tout l'aspect du bon ordre et de la félicité: à quoi faut-il attribuer cette espèce de prodige ?

ORISCAR.

A trois causes qui se prêtent une force mutuelle. La sagesse de la loi, la justice du gouvernement, et la confiance des gouvernés.

LA PEYROUSE.

Mais cette confiance de tout un peuple, cette harmonie qui doit en résulter, n'est-elle pas la pierre philosophique en politique ? Des intérêts particuliers ne contrarient-ils pas ici, comme ailleurs, l'intérêt principal ?

ORISCAR.

Je connais, mon ami, les dangers de l'intérêt personnel… Abandonné à lui-même… et j'ai tâché de le lier à l'intérêt général par les plus puissans moyens.

LA PEYROUSE.

Et quels moyens assez efficaces peux-tu employer ?

ORISCAR.

La religion, les moeurs, les punitions et les récompenses.

LA PEYROUSE.

En quoi fais-tu consister les dogmes de la religion ?

ORISCAR.

En deux mots: *Adorez Dieu; soyez bons et justes*. C'est la religion universelle, indépendante des institutions humaines, écrite dans le coeur de tous les hommes, même [32] de l'homme pervers, et le principe de ses remords.

LA PEYROUSE.

Et le culte à la Divinité ?

ORISCAR.

L'univers est son temple; l'autel consacré à nos grandes solennités est la montagne près de ce palais. Nos prêtres sont des vieillards choisis parmi les citoyens les plus respectés: le langage de la sagesse est familier à des hommes affranchis du joug des passions, et éclairés par l'expérience. Le moment du lever du soleil est celui de l'adoration générale. C'est alors qu'il revient ainsi ranimer la nature, embellir les cieux et la terre, développer les germes de la fécondité, que l'homme s'humilie et rend grace à l'auteur de tant de bienfaits.

LA PEYROUSE, *à part.*

Que ces idées sont simples et sublimes ! et combien de sang humain eût été épargné, si le fanatisme ne les avoit pas dénaturés ! (*à Oriscar.*) La religion donne à l'homme un témoin redoutable dans sa conduite secrète; mais n'est-ce pas aux moeurs principalement qu'il appartient de diriger ses rapports avec les autres hommes ?

ORISCAR

Oui, sans doute ! J'ai fait du lien conjugal et des devoirs qu'il impose, la principale base des moeurs. La bonne conduite des époux est la garantie la plus sûre de celle de leurs enfans. Les exemples sont plus puissans [33] que les préceptes; et celui qui a été bon fils sera à son tour bon époux et bon père, je puis même dire bon citoyen: car ici la grande famille est l'image d'une famille particulière bien organisée.

LA PEYROUSE, *souriant.*

Quoi ! des devoirs, de la constance entre époux ?... Dans un climat où la nature, toujours en amour pour ainsi dire, provoque à toutes les jouissances.

ORISCAR.

Mon ami, la nature est éternelle; mais l'home naît, vit et meurt: le tems de l'adolescence est celui de l'ivresse; plus l'accès est violent, et plus la guérison est prompte. C'est alors, c'est dans le calme des passions qu'on devient propre à un état qui a de la dignité, où les jours s'écoulent dans cette confiance mutuelle qui fait le charme de la vie privée, et où l'époux trouve dans les caresse de ses enfans, et les tendres attentions de sa compagne, le plaisir le plus pur que le ciel puisse accorder à la vertu sur la terre.

LA PEYROUSE.

Tes principes me charment, Oriscar; mais je gémis en même-tems sur le sort de la multitude qui n'est pas faite pour en connoître le prix.

ORISCAR.

Ne calomnions pas la nature humaine, La Peyrouse: l'homme naît pour être bon, il s'attendrit avec délices au récit d'une action [34] généreuse; mais les mauvaises institutions le dégradent, l'ambition le porte à des excès; les besoins factices ou réels l'entraînent au crime. Au contraire, sous l'empire des lois sages qui rappellent à l'homme sa dignité, et qui ont pour objet le bonheur commun, tu conçois que les délits doivent être rares.

LA PEYROUSE.

Mais enfin quand il s'en commet, comment les punis-tu ?

ORISCAR.

J'ai pensé que la manière la plus efficace étoit d'employer, contre les affections vicieuses, le genre de châtiment le plus sensible pour elles. Ainsi, les délits de l'avarice sont punis par des condamnations pécuniaires; les délits de la licence, ou l'abus de la liberté, par la prison; ceux qui prennent leur source dans l'oisiveté, par la condamnation aux travaux publics. La peine de mort est réservée à l'assassin. Mais ne parlons plus de châtimens, mon ami; ils pèsent sur mon coeur. Je me dois maintenant tout entier aux plus douces jouissances. La loi assure ici des récompenses à la vertu; demain est le jour consacré à cette fête, elle sera suivie du mariage de ma fille avec l'un de nos plus vertueux Sénateurs. Ta présence à cette solennité, Capitaine, en augmentera l'intérêt. Je vais en ordonner les préparatifs.

LA PEYROUSE.

Si cet homme ne jouissoit pas des bénédictions [35] de son peuple, quel mortel voudroit désormais se charger de gouverner les humains ?

(*Fin du second Acte.*)

ACTE III.

SCÈNE PREMIÈRE.

Le Théâtre représente un Bosquet près du Palais.

MERIDAN, *tenant à la main in billet.*

Que me veut ce jeune audacieux ? Que signifie ce billet qu'il m'a fait remettre d'une manière mystérieuse ? *Il lit.*

« Tu connois, dis-tu, les lois de l'honneur. Je suis curieux de savoir si l'effet répond aux paroles. Trouve-moi ce soir, avant le coucher du soleil, dans le bosquet à gauche du palais. »

Le soleil est encore sur l'horizon, puisse-t-il ne pas éclairer quelque désastre !

(*Il regarde autour de lui.*)

Ce jeune homme ne paroît point... Sans doute il a pris en mauvaise part les observations que je lui ai faites sur la légèreté de sa conduite avec Corali... Peut-être en est-il vivement épris... Peut-être ce service qu'il lui a rendu, les espérances qu'il conçoit l'animent; les obstacles qu'il craint de rencontrer [36] l'irritent... Il ignore sans doute que je dois épouser demain Corali... Toutes ces idées m'inquiètent... Je lui parlerai avec beaucoup de sang-froid... Je tâcherai de lui faire entendre raison... S'il ne m'écoute point, s'il m'attaque, si mes jours sont en danger... si... mais je le vois.

SCÈNE II.

MERIDAN, DORVILLE

MERIDAN.

Etranger, que me veux-tu ?

DORVILLE.

Je te demande raison des propos que tu m'as tenus ce matin.

MERIDAN.

Tu ferois mieux d'en profiter.

DORVILLE, *avec emportement.*

Je les regarde comme un outrage qui demande vengeance; il faut te battre.

MERIDAN, *froidement.*

Tu as du courage sans doute ?

DORVILLE.

Tu le sauras bientôt.

MERIDAN.

Le courage n'est pas la pétulence. Sois donc calme, si tu veux que je te croie courageux, et ne me refuses pas les éclaircissemens dont j'ai besoin.

DORVILLE, *à part.*

Contenons-nous, s'il est possible.

[37]

MERIDAN.

Qu'est-ce d'abord que le combat que tu me proposes ?

DORVILLE.

C'est un combat à armes égales, pour te donner la mort, aux risques de la recevoir de toi.

MERIDAN.

Voilà qui est étrange ! Et dans quel pays est-il d'usage d'agréer une telle proposition ?

DORVILLE.

Dans les pays les plus civilisés de l'Europe; mais vous autres sauvages vous ignorez…

MERIDAN.

La civilisation de ces pays est bien barbare !

DORVILLE.

Un homme d'honneur ne se refusa jamais à un défi pareil.

MERIDAN.

Dis-moi encore ce qu'on entend dans ton pays par homme d'honneur ?

DORVILLE.

L'homme d'honneur est celui que ne craint pas le danger; quiconque refuse le combat à armes égales est un lâche.

MERIDAN.

Jeune homme ! écoutes-moi, car je crois pouvoir te donner des leçons. L'honneur n'est autre chose que la fierté de la vertu, [38] environnée de l'estime publique ! L'honneur m'impose la loi de braver le danger, quand il s'agit du salut de ma patrie. Mais pourquoi veux-tu que de sang-froid je coure les risques d'être tué par toi, quand j'espère être de quelque utilité à mon pays ?

DORVILLE.

Tu me tueras peut-être; le sort des armes est incertain, et c'est ce qui justifie le défi que je te porte.

MERIDAN.

Est-ce que, si jeune encore, et né, suivant les apparences, pour être heureux, tu aurois envie de mourir ? Pourquoi veux-tu que je m'expose au malheur de te donner la mort, moi qui suis humain, et qui te défendrois, en ta seule qualité d'homme, si je te voyois injustement attaqué ?

DORVILLE.

C'est trop discourir, il faut combattre; le plus heureux échappera au danger.

MERIDAN.

Ecoute ! Si je te proposois de te précipiter avec moi dans la mer du haut de la roche escarpée qui borde ce rivage, pour jouer entre nous à qui des deux en reviendra, ne regarderois-tu pas cette proposition comme insensée ? Ne serois-tu pas insensé toi-même, si tu l'acceptois ?

DORVILLE, *avec feu.*

Ah ! point de comparaisons, venons au fait... Je suis éperduement épris de la belle Corali; renonce à elle si tu veux vivre.

MERIDAN.

Renoncer à elle ! cela n'est pas possible.

DORVILLE, *avec emportement.*

Eh bien ! tu mourras de ma main.

MERIDAN, *avec sang-froid.*

Insensé !... Vois quel est l'excès de ton délire ! Si tu aimes Corali, tu dois vouloir lui plaire; mais si tu me tue, et qu'elle m'aime, comme je m'en flatte, tu lui feras horreur !

DORVILLE.

Ce mot me rend toute ma rage ! Voici deux pistolets; prends en un !

MERIDAN.

Nous ne faisons point usage ici de pareilles armes.

DORVILLE.

Il n'est question que de presser ce ressort; alors part une balle qui porte une mort prompte.

MERIDAN, *prend un pistolet.*

Voyons ! (*Après avoir examiné cette arme, il tire en l'air; puis, s'approchant de Dorville, il lui dit* :) Reprends cette arme... tu vois l'usage que je viens d'en faire... N'abuses pas de ma générosité; retire-toi, je t'en conjure !

DORVILLE.

Que je me retire ! Non, l'honneur ne me le permet pas.

MERIDAN.

Prends garde ! l'honneur ici nous fait un [40] devoir de purger la terre des ennemis de l'humanité; mais encore une fois, retire-toi si tu veux que je te pardonne.

DORVILLE, *hors de lui.*

Tu parles de te pardonner, lâche !... Je ne te tuerai pas, puisque tu t'es mis hors de défense; mais je vais te laisser des marques ineffaçables de ton ignominie. (*En faisant cette menace, il tire et lève son sabre.*)

MERIDAN, *saisissant l'instant où le bras de Dorville est levé, le frappe de son poignard.*

Tu n'en n'auras pas le tems.

(*Dorville tombe derrière des arbres; Meridan, après l'avoir considéré quelque tems.*)

Ah ! quel funeste événement !... Quelles suites il peut avoir !... Pourquoi m'être rendu dans ce lieu fatal, à la veille du plus beau jour de ma vie ?... Le capitaine La Peyrouse sera bientôt instruit... Pourquoi ce jeune homme m'a-t-il forcé ?... Je voudrois pouvoir lui procurer des secours... mais je ne puis rester plus long-tems ici sans me compromettre... Et le bruit qu'a fait cette arme va sans doute attirer quelques personnes du voisinage. Puissent-elles encore le rappeler à la vie !... Ah ! que la défense est quelquefois cruelle, lors même qu'elle est légitime !

(*Il s'en va; le jour baisse sensiblement, car le soleil est censé s'être couché pendant cette scène.*)

[41]

SCÈNE III.

UN CULTIVATEUR, DORVILLE, *renversé, faisant entendre des gémissemens.*

LE CULTIVATEUR.

Quelle explosion semblable à celle du tonnerre s'est fait entendre ?... Quels cris lamentables semblent appeler du secours ?

DORVILLE, *paroît, en se traînant péniblement, et tenant à la main le poignard qu'il vient d'arracher.*

Passion funeste !... préjugé fatal !... où m'avez-vous conduit ?

LE CULTIVATEUR, *s'approchant un peu, et avec inquiétude.*

Je reconnois à ces habits l'un des étrangers arrivés dans cette île.

DORVILLE, *d'une voix presque éteinte.*

Ah ! j'ai mérité mon sort. (*Il laisse tomber le poignard.*)

LE CULTIVATEUR, *s'approchant davantage pour examiner.*

Il est bien jeune... Qui donc, malheureux étranger, t'a mis dans cet état ?

DORVILLE, *soulève sa tête péniblement.*

C'est un secret que je dois emporter avec moi.

LE CULTIVATEUR, *appercevant l'arme avec laquelle Dorville a été frappé.*

Que vois-je ?... Cette arme est celle de [42] l'un des nôtres... Ce jeune homme se sera peut-être, par quelque outrage, attiré une pareille vengeance... N'importe, il est malheureux; il n'est plus à craindre, il faut le secourir.

DORVILLE.

Quelle fatalité ! J'échappe à mille dangers chez des peuples barbares, et je viens chercher la mort dans le pays le plus paisible de la terre.

LE CULTIVATEUR.

Il me fait pitié.

DORVILLE.

Ah ! mon père, vous me l'aviez prédit !

LE CULTIVATEUR.

Malheureux jeune homme, vous avez un père...

DORVILLE.

Hélas ! un père qui n'aura bientôt plus de fils...

LE CULTIVATEUR, *à part.*

Si mon fils bien aimé étoit en voyage, et qu'il éprouvât un accident aussi funeste, combien je bénirois le mortel généreux qui prendroit soin de lui !... (*Il tache de le relever, en l'appuyant le long d'un arbre.*) Mais son sang coule avec abondance... Si je pouvois, en bandant sa plaie, l'empêcher d'en répandre. (*Il se baisse, se penche sur le corps de Dorville, lui fait faire un mouvement, le soulève en partie pour le placer plus commodément; le jeune homme retombe.*) Ah ! je crois que cet infortuné jeune homme [43] expire... J'entends du bruit... Si c'étoit quelques-uns de ses camarades... S'ils persécutoient les paisibles habitans de ces lieux ?... Si l'un d'eux venoit m'attaquer moi-même; je n'ai point d'armes, prenons celle-ci pour me défendre.

(*Il s'enfuit à l'aspect de quatre hommes de l'équipage qui arrivent en chantant.*)

SCÈNE IV.

L'UN D'EUX.

Camarades !... voici encore un joli bosquet. (*Il parcourt des yeux.*) Mais qu'est-ce ?... Notre sous-lieutenant étendu sur la place, sans connoissance, mort peut-être... Il vient d'être assassiné, il n'en faut pas douter... L'assassin doit être près de lui; il s'est enfui quand il nous a vus. Courez... amenez-le, je vous attends ici.

L'UN DES TROIS.

Sois sûr que nous l'aurons mort ou vif, car il n'est pas loin.

SCÈNE V.

ORISCAR, *et quelques hommes de sa suite tenant des flambeaux,* LA PEYROUSE, UN MATELOT.

ORISCAR.

Capitaine, pourquoi cette explosion d'armes à feu près de mon palais?... Vous m'aviez dit en avoir défendu l'usage.

[44]

LA PEYROUSE.

Je vous ai dit la vérité.

UN MATELOT, *à La Peyrouse.*

Capitaine, un grand crime vient d'être commis; notre lieutenant a été assassiné par un habitant de l'île. Voyez en quel état il est.

LA PEYROUSE, *s'approchant.*

O ciel !...

ORISCAR.

Est-il possible ?...

LE MATELOT.

Nous avons vu l'assassin penché sur lui; il s'est enfui à notre arrivée. Trois de nos camarades courent pour l'arrêter, et sans doute ils vont le ramener ici.

LA PEYROUSE.

Oriscar ! voilà un événement bien fâcheux, et qui doit avoir des suites.

ORISCAR.

Hélas ! je le sens bien.

SCÈNE VI.

Les trois matelots amènent le Cultivateur.

L'UN D'EUX.

Voilà l'assassin; voyez comme son vêtement est teint de sang !

UN AUTRE MATELOT.

Voyez cette arme ensanglantée, dont nous l'avons trouvé saisi !

UN AUTRE.

Cette arme qu'il a jetée lorsqu'il s'est vu sur le point d'être atteint !

ORISCAR.

Malheureux ! tu es né parmi nous, et tu serois cruel !

LE CULTIVATEUR.

J'atteste le ciel que je suis innocent de ce crime.

LE MATELOT, *tenant l'arme.*

Capitaine !... un des nôtres a péri par cette arme; il faut que le coupable périsse par elle à son tour.
(*Il court au cultivateur, et tient le poignard levé sur lui.*)

ORISCAR, *avec précipitation, se mettant entre eux.*

Qu'osez-vous faire?

LE CULTIVATEUR, *d'un ton calme.*

Je ne crains point la mort, Oriscar, elle ouvre à la vertu son dernier asyle. Mais s'il faut que je périsse, j'ai une grace à te demander; je l'implore à tes pieds. Fais que je puisse parler pour la dernière fois à ma femme et à mes enfans. Ils connoissent mon coeur, je n'aurai pas de peine à les persuader de mon innocence; et s'ils regrettent ma perte, ils auront du moins la consolation de bénir ma mémoire. Je les laisserois trop malheureux, s'ils en étoient réduits à me pleurer coupable !

ORISCAR.

Relevez-vous. Attendez ce qu'on peut espérer de l'humanité dirigée par la justice.

LA PEYROUSE, *regardant avec étonnement le cultivateur.*

Quel langage dans la bouche d'un meurtrier !

LE MATELOT.

Capitaine ! c'est le langage hypocrite de la scélératesse; il faut frapper.

LA PEYROUSE, *avec fermeté et noblesse.*

Arrêtez... ou c'est vous que je punis... La vengeance personnelle est un crime; elle accuse les lois d'"insuffisance; elle usurpe les droits de la puissance publique.

Oriscar, je te demande justice au nom de la nation françoise et des lois de ton pays; je m'attends qu'elle sera prompte.

ORISCAR.

Tu l'auras... Mais le sang humain est ici bien précieux. L'accusation d'homicide est si importante, par la gravité de la peine, que son jugement n'est confié qu'au sénat présidé par moi; et l'accusé est absous s'il a seulement pour lui deux suffrages. Demain j'assemblerai le sénat pour cette affaire. (*Aux gens de sa suite.*) Vous... conduisez cette homme dans un lieu sûr... qu'il y soit traité avec humanité: tant qu'il ne sera qu'accusé, il doit jouir des égards dus au citoyen.

LA PEYROUSE, *aux matelots.*

Et vous, transportez ces infortuné [47] dans l'asyle de Morlet, son ami. C'est à l'amitié qu'il appartient de remplir les devoirs qu'exige ce fatal événement.

ORISCAR.

Qu'il est douloureux d'avoir des crimes à punir, quand on voudroit n'être occupé qu'à récompenser les vertus.

Fin du troisième Acte.

ACTE IV.

Le théâtre représente la salle du Sénat.

SCÈNE PREMIÈRE.

ORISCAR, MERIDAN

ORISCAR.

Ce jour, mon cher Meridan, devoit être uniquement consacré à la récompense des actions vertueuses, et à la cérémonie de ton mariage avec ma fille; mais nous avons auparavant un triste devoir à remplir.

MERIDAN.

Ah ! mon père, car j'aime à vous appeler ainsi... mais...

ORISCAR.

Eh bien, mon fils !...

[48]

MERIDAN.

Je sens tout le prix de vos bontés... Mais le bonheur n'est souvent qu'un éclair qui nous laisse bientôt dans une nuit profonde.

ORISCAR.

Quel triste présage, Meridan !

MERIDAN.

Pardonnez… je m'égare.

ORISCAR.

Expliquez-vous.

MERIDAN.

Je voudrois que tout le monde ici pût être heureux de mon bonheur… Cet infortuné que vous allez juger…

ORISCAR.

Je vois ce qui t'afflige, mon ami… Cette sensibilité t'honore; mais nous ferons notre devoir. Cette tâche est toujours consolante pour l'homme de bien.

MERIDAN.

Notre devoir !… L'homme peut-il toujours se flatter d'être juste?… Peut-il lire au fond des coeurs? N'est-il pas souvent le jouet de sa prétendue sagesse ? Je l'avouerai, je sens trop que ce ministère auguste est au-dessus de moi, je voudrois m'en abstenir.

ORISCAR.

Cela est impossible, Meridan; la loi vous commande. Vous avez le discernement juste, et vous nous aiderez à apprécier les circonstances propres à faire connoître le vrai coupable.

[49]

MERIDAN, *à part.*

Cette vérité fatale doit avoir le secret pour asile. (*Haut.*) Ne peut-on différer ce jugement?... Convient-il d'exercer un ministère aussi rigoureux dans un tems consacré à la bienfaisance nationale ?...

ORISCAR.

Il le faut, mon ami; je l'ai promis au capitaine. Il m'a demandé prompte justice, au nom de la nation françoise.

MERIDAN.

Eh ! que nous importe cette nation, dont nous sommes séparés par des mers immenses ?...

ORISCAR.

Tu ne la connois pas, cette nation. Frivole dans ses goûts, mais intrépide dans les combats; fière de ses arts, de ses monumens, de son pouvoir, elle peut porter la vengeance, comme ses bienfaits, aux extrémités du monde. D'ailleurs... que nous demande-t-on ?... justice; c'est notre premier devoir.

MERIDAN, *à part.*

Ah ! funeste contrainte !...

ORISCAR.

Voici nos sénateurs !... Allons, Meridan, venez prendre votre place.

[50]

SCÈNE II.

Les sénateurs arrivent, suivis de La Peyrouse accusateur, des quatre témoins et de l'accusé. Les Sénateurs montent au tribunal; Oriscar les préside, placé sur un siège plus élevé. Meridan, le plus jeune des Sénateurs, est le dernier de ceux qui sont à la gauche du président, et se trouve peu éloigné de l'accusé. L'accusateur et les témoins sont à droite.

ORISCAR.

Sénateurs, un grand crime a été commis. Le sous-lieutenant de La Peyrouse est assassiné: un habitant de l'isle vous est dénoncé comme coupable de cet attentat. J'ai moi-même pris connoissance des faits sur ls lieux; je vais interroger l'accusé, prêtez la plus grande attention à ses réponses.

MERIDAN, *à l'accusé qui paroit intimidé.*

Rassurez-vous; répondez avec confiance.

ORISCAR, *à l'accusé.*

Etes-vous instruit de l'attentat commis hier sur un jeune étranger ?

L'ACCUSÉ.

Oui.

ORISCAR.

N'étiez-vous point penché sur le corps de [51] cet étranger, lorsque vous avez entendu quelques François qui accouroient ?

L'ACCUSÉ.

Oui.

ORISCAR.

Cette arme n'est-elle pas celle avec laquelle le François a été assassiné ?

L'ACCUSÉ.

Oui.

ORISCAR.

N'avez-vous pas jeté cette arme loin de vous, lorsque vous avez vu trois matelots françois prêts à vous atteindre ?

L'ACCUSÉ.

Oui.

ORISCAR.

Les témoins ont-ils quelque chose à ajouter à ces aveux ?

L'UN DES TÉMOINS.

Non,... il convient de tous les faits.

[52]

ORISCAR.

Vous êtes donc coupable de ce meurtre ? Toutes les circonstances vous accusent

L'ACCUSÉ.

Je jure par le soleil, notre père, que je ne suis nullement coupable de ce meurtre.

LE PREMIER OPINANT.

Nous en avons assez... Il existe un délit certain, et par conséquent un coupable. Ce coupable, quel autre peut-il être que l'homme placé devant nous ? Ne l'a-t-on pas vu, de son propre aveu, penché sur le corps de ce jeune François, dans l'attitude d'un meurtrier qui consomme son attentat ? N'est-ce pas sur le meurtrier que jaillit le sang de la victime ? Ses habits ne sont-ils pas teints de ce sang ? Pourquoi s'est-il enfui, lorsqu'il a entendu du bruit, s'il n'étoit point coupable ? Pourquoi cette arme ensanglantée étoit-elle dans sa main lorsqu'il a fui ? Pourquoi l'a-t-il jetée, lorsqu'il s'est vu sur le point d'être atteint ? Si ce n'est pour dérober la trace de son crime.

Alors, je le déclare coupable du meurtre.

(*Les autres Sénateurs, à l'exception de Meridan, s'inclinent successivement pour annoncer qu'ils adoptent cet avis.*)

ORISCAR.

Votre avis, Meridan ?

MERIDAN.

J'ai peine à revenir de mon étonnement. [53] O ciel ! est-ce là cette sagesse humaine dont on est quelquefois si vain ? Un juge interroge avec prévention, parce que la vertu même n'en est pas exempte. Il oppose à un homme simple les circonstances qui lui sont contraires ! L'innocent intimidé les avoue, sans rien oser proposer pour sa défence. Son embarras forme une présomption de plus contre lui. Je vois déjà sa condamnation sur les lèvres du juge, et le glaive de la justice prêt à frapper. Qu'il me soit permis de l'interroger à mon tour, non sur les faits qui paroissent constans, mais sur les causes qu'ils peuvent avoir.

(*Oriscar fait signe à Meridan qu'il peut l'interroger.*)

MERIDAN, *à l'accusé*.

Pourquoi, hier, vous êtes-vous trouvé dans le bosquet à gauche de ce palais ?

L'ACCUSÉ.

Je dirigeois, près de ce bosquet, et pour la subsistence des prêtres, la culture du champ du soleil, lorsque j'ai entendu un bruit extraordinaire qui m'a paru venir du bosquet. Arrivé là, les plaintes d'un malheureux étranger ont frappé mon oreille.

MERIDAN.

Pourquoi étiez-vous penché sur le corps de cet étranger, lorsque d'autres étrangers sont accourus ?

L'ACCUSÉ.

Par un mouvement d'humanité !... Pour le rappeler à la vie, s'il étoit possible.

[54]

MERIDAN.

Pourquoi vos habits sont-ils teints de sang ?

L'ACCUSÉ.

Parce que je me suis rapproché de cet infortuné qui en répandoit beaucoup.

MERIDAN.

D'où vient cette arme ensanglantée ?

L'ACCUSÉ.

C'est celle d'un des nôtres, qui, suivant les apparences, se sera vengé de quelque outrage sur ce jeune homme.

MERIDAN.

Pourquoi vous êtes-vous saisi de cette arme ?

L'ACCUSÉ.

J'ai craint, lorsque j'ai vu d'autres François arriver, d'être outragé à mon tour, et j'ai pris cette arme pour me défendre.

MERIDAN.

Pourquoi l'avez-vous jetée, lorsque vous vous êtes vu sur le point d'être arrêté par eux ?

L'ACCUSÉ.

Parce que j'ai réfléchi que je me défendrois inutilement contre trois personnes à-la-fois.

MERIDAN.

Eh bien ! Sénateurs, vous l'entendez ! Si ces réponses sont vraies, (et rien ne prouve qu'elles soient fausses) non-seulement cet homme n'est point coupable; mais encore [55] il est vertueux, puisqu'il ne se trouve compromis que pour avoir suivi la plus sainte loi de la nature, celle de l'humanité !

Qui de vous maintenant osera le condamner ?

LE PREMIER OPINANT.

Ce sera moi !... L'accusé n'a pas de mérite à convenir de faits prouvés par les témoins. Quant aux motifs qu'il leur donne pour excuse, devons-nous l'en croire ? Si nous prenions pour règle le langage d'un accusé, tous les crimes seroient impunis. La justice humaine dans cette matière ne peut se décider que par de grandes présomptions. Si vous exigez des démonstrations infaillibles, le sang de la victime criera inutilement vengeance ! La société entière exposée à de nouveaux troubles, la réclamera contre les juges eux-mêmes, et les accusera d'une criminelle indulgence pour la perversité. Je persiste dans mon avis.

L'ACCUSÉ.

Justice divine, protectrice de l'innocence, éclaire ces hommes qui voudroient être justes, et qui sont prêts à s'égarer !

ORISCAR, *aux autres Sénateurs.*

Persistez-vous aussi ?

(*Ils s'inclinent successivement, pour annoncer qu'ils persistent.*)

MERIDAN, *avec chaleur.*

Quoi !... pas une seule voix parmi vous [56] pour ce malheureux ?... Il va donc périr !... Sentez-vous, Sénateurs, toutes les horreurs attachées à un assassinat judiciaire ? Craignez d'être obligés de vous dire un jour à vous-mêmes dans l'amertume de vos remords, cet homme étoit innocent, la justice devoit être son refuge, et nous, juges, faits pour le protéger, nous l'avons assassiné au nom de la justice !

LE PREMIER OPINANT, *avec impatience.*

Si vous ne voulez pas qu'il soit l'auteur du meurtre, dites-nous donc quel il peut être ?

MERIDAN, *se levant avec impétuosité.*

Eh bien !... c'est moi... c'est moi qui m'accuse, pour vous éviter un grand crime !... (*Mouvement général de surprise dans l'assemblée.*) J'ai été provoqué par ce jeune audacieux; il tenoit son glaive levé sur ma tête, j'ai prévenu ses coups. (*Il quitte son siège, passe rapidement au capitaine, et lui dit :*) Voilà, capitaine, le billet de provocation. (*Il vole à l'accusé, et lui dit:*) Vous êtes libre; je dois prendre ici votre place.

L'ACCUSÉ.

Ah ! mon libérateur... je me jette à vos pieds.

MERIDAN, *avec chaleur.*

Que faites-vous, mon ami ? C'est à moi de [57] tomber aux vôtres, pour avoir tenu si long-tems sous l'oppression de la terreur.

(*Il quitte son manteau, attribut de sa dignité, en disant :*)

Sénateurs, encore une fois, voici l'auteur du meurtre; exercez votre justice. (*à La Peyrouse.*) Capitaine, je me livre à votre accusation.

LA PEYROUSE, *après avoir jeté les yeux sur le billet, et ensuite sur Meridan.*

Je demeure confondu d'étonnement et d'admiration !

ORISCAR, *à La Peyrouse.*

Reconnoissez-vous l'écriture de ce malheureux jeune homme ?

LA PEYROUSE.

Oui, il est l'agresseur.

SCÈNE III.

Les acteurs précédens, MORLET, lieutenant de La Peyrouse. (Il arrive avec précipitation, au moment où La Peyrouse se lève pour répondre à Oriscar, chef du Sénat.)

MORLET.

Permettez, capitaine !... Et vous, Sénateurs, daignez m'écouter. Celui dont vous voulez venger la mort, vient d'être, par mes soins, rappelé à la vie.

MERIDAN.

O bonheur !

[58]

MORLET.

Voyant qu'il faisoit un pénible effort pour parler, j'ai prêté toute mon attention pour l'entendre... « Si j'ai fait une grande faute, m'a-t-il dit, j'ai reçu une terrible leçon. Puissé-je lui survivre, pour ne l'oublier jamais. » Il n'a pu, ou n'a voulu en dire davantage, et j'ai cru devoir à l'instant vous faire part de cette circonstance, comme propre peut-être à répandre quelque lumière sur l'événement qui vous occupe.

ORISCAR, *à La Peyrouse.*

Capitaine !... expliquez-vous maintenant sur l'intérêt de votre vengeance.

LA PEYROUSE.

Ah ! cet intérêt, qui fatigue l'ame, peut-il exister encore dans un coeur attendri par le repentir de l'infortuné dont je voulois venger la perte, et par les traits de générosité dont je viens d'être témoin ?

ORISCAR.

Sénateurs, vous l'entendez. Il s'agit ici de coups portés dans la nécessité d'une légitime défense. Graces au ciel, nous n'avons plus de crime à punir... Un plaisir nous attend maintenant dans la salle de récompenses : la nouvelle séance que nous allons prendre nous dédommagera des inquiétudes éprouvées dans celle que nous quittons.

(*Le Sénat descend de siège; on sort; la scène est vide un moment.*)

[59]

SCÈNE IV *et dernière.*

(*Le théâtre change; et présente la salle des récompenses, où se trouve le Ministre sur un siège au-dessous de celui destiné à Oriscar, les auteurs des actions généreuses également assis. Viennent ensuite, avec La Peyrouse, les gens de son équipage, et un grand nombre d'habitans de l'isle. L'arrivée du Sénat est annoncée par une musique triomphale. Le Peuple chante en choeur les vers suivans, avec accompagnement de la musique.*)

Récompense aux coeurs généreux;
C'est l'équité suprême.

Quand on fait ainsi des heureux,
On est heureux soi-même.

LE MINISTRE.

Parmi les actions généreuses qui ont eu lieu dans ces derniers tems, il en est trois qui méritent d'être distinguées. Voici la première :

« Delia étoit éperduement aimée de deux jeunes amis. Ne pouvant se donner à l'un sans faire mourir l'autre de douleur, elle s'est dérobée à tous les deux, en se dévouant au culte du soleil. L'un de ses deux amans a été tué dans la dernière guerre, et l'autre a vaincu l'ennemi. »

ORISCAR.

Je la relève de son voeu, et la donne à l'amant qui lui reste. En associant ainsi la [60] sensibilité la plus délicate avec le courage héroïque, je les récompense l'un par l'autre.

(*La vestale et le jeune guerrier partent de leur place, arrivent et s'inclinent devant Oriscar, qui leur dit :*)

Puisse naître de vous des citoyens qui vous ressemblent.

UNE VOIX SEULE.

Tendres amans ! en ce beau jour,
A votre bonheur on doit croire;
Pour vous l'amour récompense la gloire,
Et la gloire embellit l'amour.

(*Ensuite, et pendant que les amans retournent à leurs places, le choeur répète:*)

Récompense aux coeurs généreux;
C'est l'équité suprême.
Quand on fait ainsi des heureux,
On est heureux soi-même !

LE MINISTRE.

« Un vieillard avoit été condamné, sur de fausses inculpations, aux travaux dangereux des mines. Le sénat a cassé ce jugement inique. L'officier chargé de mettre le vieillard en liberté, a été fort étonné de trouver à sa place son fils aîné. Je demande pardon à la justice, a dit ce fils, de l'avoir ainsi trompée; mais j'ai dû conserver les jours d'un père aussi cher à ses enfans. »

ORISCAR.

La justice ne peut qu'applaudir à la générosité. [61] J'accorde à ce fils la médaille d'or consacré à la piété filiale.

(*Le vieillard appuyé sur le bras de son fils, passe devant Oriscar, et s'incline.*)

Puissiez-vous, jeune homme, être un jour honoré de vos enfans, comme vous honorez votre père !

UNE VOIX SEULE.

Que la piété filiale
Est un devoir doux à remplir !
Qu'un père se plaît à jouir
De cette vertu sociale !

LE CHOEUR

Récompense aux coeurs généreux;
C'est l'équité suprême.
Quand on fait ainsi des heureux,
On est heureux soi-même !

LE MINISTRE.

Voici la dernière action.

« Un citoyen, jouissant d'une grande fortune, n'avoit que deux enfans en bas âge. Le feu du ciel tombe sur sa maison; il est écrasé de la foudre, l'incendie s'étend, et ses enfans vont être la proie des flammes. On ne peut les secourir sans s'exposer à perdre la vie. Qui osera l'entreprendre ? et qui les a sauvés en effet ? Osenin, leur parent, dans l'indigence, et qui devoit jouir de tous les biens de leur père, s'ils périssoient. »

ORISCAR.

Le courage et la vertu dans l'indigence, [62] accuseroient la puissance publique d'un coupable oubli. J'inscris Osenin sur la liste des pensionnaires de l'Etat.

(Au moment où Osenin passe et s'incline devant Oriscar, avec les deux enfans qui lui baisent les mains, Oriscar adresse successivement la parole aux deux enfans et aux habitans de l'isle.)

Enfans, voilà votre père; citoyens, voilà votre modèle.

UNE VOIX SEULE.

Le tonnerre frappe les monts,
Le calme aux vallons est fidelle;
Le sort verse et reprend ses dons;
La vertu seule dépend d'elle.

LE CHOEUR.

Récompense aux coeurs généreux;
C'est l'équité suprême.
Quand on fait ainsi des heureux,
On est heureux soi-même !

ORISCAR, *aux gens de l'équipage.*

Etrangers ! de retour dans votre patrie, vous lui direz que vous avez vu aux extrémités du monde un peuple paisible, qui préfère le bonheur à la gloire, et qui est parvenu à ce bonheur par la route la plus sûre; les vertus sociales.

(Aux habitans de l'isle.)

Et vous, mes enfans, plutôt que mes sujets, retournez à vos travaux, ils donneront un nouvau prix à vos jouissances.

(à La Peyrouse.)

Es-tu content, La Peyrouse ?

[63]

LA PEYROUSE.

Oui, je le suis; mais je pourrois l'être davantage, car il me semble que tes devoirs ne sont pas tous remplis.

Ne dois-tu pas aussi des récompenses à ce cultivateur honnête et sensible, qui a compromis son existence en venant au secours d'un étranger mourant ?... A ce jeune Sénateur qui a eu le courage de se dénoncer lui-même pour épargner un crime à la justice, et qui s'est volontairement soumis à une accusation capitale, pour sauver l'innocence ?

ORISCAR.

Cet avertissement, La Peyrouse, t'honore autant qu'il me flatte. Je donne cent pièces d'or au cultivateur, ma fille à Meridan, et l'image du soleil en or massif à La Peyrouse, à ce généreux François qui, en parcourant le monde pour agrandir la sphère des connoissances humaines, est venu sur ces bords donner de nouveaux exemples de modération et de sagesse.

Fin du dernier Acte.

NOTES

Avertissement

Louis de Bougainville fut nommé Sénateur en 1799. Ce Sénat, constitué sour le Consulat, s'appelait le Sénat Conservateur. Bougainville avait peu à faire, mais recevait une indemnité sénatoriale considérable. Ceci lui permit d'acheter le Château de Suisnes près de Paris.

Notons sur la première page que Tahiti apparaît également avec l'orthographe Tahity. Ceci est fort rare: on trouve plutôt à l'époque comme variante l'orthographe « Taïti ».

Jean-Baptiste Louis Gresset (1707-1777), écrivain, auteur de comédies dont la plus célèbre est *Le Méchant* de 1747. Elle lui ouvrit les portes de l'Académie Française, dont il devint membre l'année suivante.

Il ressort du dernier paragraphe que l'auteur n'avait pas trouvé de directeur pour sa pièce, mais espérait que sa publication attirerait l'attention d'un d'eux.

Page 5

Le choix des costumes est dominé plutôt par la mode dramatique de l'époque, quand plusieurs pièces, notamment *Die Spanier in Peru* (1796), un grand succès de Von Kotzebue, étaient situées en Amérique Centrale ou en Amérique du Sud. Le pagne tressé dont parle Bougainville, souvent ôté pour révéler les charmes des jeunes femmes, ne présente guère de possibilités pour un grand spectacle théâtral et n'aiderait pas la présentation d'une pièce sérieuse et philosophique.

Page 7

Le premier acte, et surtout la première scène qui nous présente l'île de Tahiti et nous fournit les grandes lignes de la trame, a lieu dans un décor nettement champêtre.

Le circonflexe sur *aile* ne paraît pas justifié par l'étymologie du mot qui provient simplement du Latin *ala*.

Page 8

« Il n'existe pas de singe ni de perroquets (contrairement à une idée reçue) à Tahiti. » (Tahitiguide.com). Par contre, il existe des poissons perroquets multicolores dont les Tahitiens sont fiers – et friands.

La légèreté comme trait distinctif des Françaises pourrait amuser le spectateur, mais cette remarque nous prépare pour la scène suivante entre Ponine et Cador. Notons l'emploi de la minuscule pour ce nom de nationalité.

Page 10

Le trait d'union entre 'très' et un adjectif, 'éloigné' ici, ou avec un adverbe, était encore assez courant à l'époque, mais cet usage allait bientôt disparaître. La scène entre Cador et Ponine, légère et amusante avec le persiflage des deux amants, se termine par des chants et danses, mais il y a (à la page 12, par exemple) une nuance de sous-entendus qui nous fait penser à la réputation que Tahiti avait acquise pour la légèreté de ses moeurs – l'amour est un jeu de colin-maillard.

Page 13

Dorville parle de la pacotille apportée par les Français. En effet, La Pérouse avait reçu instructions d'emporter des objets de traite, pour non seulement « flatter les populations, mais surtout leur venir en aide » [Dunmore et Brossard, *Le Voyage de Lapérouse*, Paris, 1985, I, p. 49]. Cette pacotille hétéroclique comprenait effectivement 600 miroirs.

Page 14

Notons un autre exemple de l'emploi du trait d'union: 'long-temps'.

Le feu grégeois aurait été inventé par des moines byzantins au VIe siècle. C'était un mélange de salpêtre de soufre, de naphte et de bitume. L'eau semblait en augmenter l'activité plutôt que l'éteindre. Les empereurs de Constantinople s'en servirent pour se défendre des flottes qui assiégeaient leur ville, mais plus tard les Sarrasins l'employèrent à leur tour contre les Croisés.

Page 15

L'emploi du substantif 'agréable' subsista jusqu'au XIXe. Ici, Dorville l'emploie au sens de 'homme agréable et charmeur'.

Page 16

« Ces jolies bagatelles d'Europe » comprenaient, outre les miroirs mentionnés par Dorville, des outils, haches et autres, et « 1400 paquets de rassades ou grains de verre de couleur, assortis, 2000 bagues de verre de couleur, 24 paquets de sonnettes et de grelots, et 2600 peignes de bois, d'or et de corne, 1720 douzaines de boutons dorés, argentés ou de cuivre poli, 200 mouchoirs de soie de couleur, 72 pièces de ruban de fil rouge, de la bijouterie fine, de la bijouterie commune, boucles d'oreille », etc. [Dunmore et Brossard, *op.cit.*, I, pp. 53-4].

Page 17

On trouve ici l'orthographe 'Français' et non pas 'François'. La diphtongue –oi avait déjà été prononcée -ai par la Cour et la noblesse depuis le XVIIe siècle. La graphie –ai avait été en conséquence préconisée par plusieurs écrivains, y compris Voltaire, mais ce ne fut qu'en 1835 que l'Académie française dans la sixième édition de son dictionnaire l'adopta et ainsi l'imposa sur le public français.

Oriscar, dès qu'il apprend l'identité du nouvel arrivé, le tutoie. Ses paroles sont ponctuées par les apartés de Dorville qui révèle ses intentions aux spectateurs.

Page 18

Idiome se trouve parfois avec l'accent circonflexe qui nous rappelle l'origine grecque du mot. On le trouve ainsi dans le dictionnaire de Ferraud de 1787-1788. De même, le circonflexe sur 'remercîment' indique bien que cette orthographe est une variante de 'remerciement'.

Page 19

L'indication « un salon du palais » montre nettement que l'auteur pense à un grand hôtel parisien, mise en scène fréquente pour les drames et les comédies de l'époque.

Le second acte commence avec quelques remarques de Ponine qui trouve étrange l'attitude de Dorville.

Page 20

La scène du matelot provençal triste qui s'ennuie après un si long voyage aurait probablement amusé le public parisien. Voir plus haut le commentaire sur ce personnage.

Page 21

L'auteur lie ici 'très' et 'fort' par un trait d'union, et nous donne l'orthographe 'torrens', plus proche de l'origine latine du mot. Nous trouverons 'par-tout' à la page 22.

Page 23

Le mot 'Sénateur' apparaît ici avec une minuscule quand Corali parle de lui, et avec une majuscule quand l'interlocutrice est Ponine. On pourrait voir ici une distinction sociale, Ponine n'étant qu'une suivante tandis que Corali est la fille du chef de l'île, mais il s'agit probablement d'une erreur d'imprimerie. De même le point d'interrogation de « Quelle folie ? » au lieu de « Quelle folie ! » de la page suivante.

'tems' était assez courant au XVIIIe. Ferraud dans son *Dictionnaire* de 1787-1788 note qu'il semble devenir de plus en plus usité et nous en donne plusieurs exemples.

Page 25

Omission du circonflexe sur 'grace', usage assez courant au XVIIIe. Les paroles de Dorville sont d'un style particulièrement empanaché, style salon de l'ancien temps.

Page 26

>Dorville utilise le miroir très habilement, surtout quand il demande à Corali d'imaginer qu'elle y voit son amant – et se place de façon à ce qu'elle le voit lui-même.

Page 27

>Les manoeuvres de Dorville sont bien évidentes quand il s'exclame « Je triomphe ! » Notons ici encore l'emploi de 'très-bien' et de 'par-tout', assez fréquent à l'époque.
>
>'l'albâtre', 'la blancheur de vos joues': l'auteur semble ne pas tenir compte du vrai teint des Tahitiennes.

Page 28

>« Oui; mais mon visage mentira par l'effet d'un éclat emprunté ». Corali fait une critique bien juste du maquillage. Notons : 'sur-tout', 'à-la-fois', 'c'est-là', emploi fréquent du trait d'union, que dans beaucoup de cas il fallut attendre que l'Académie française condamne au XIXe siècle, commençant par l'édition de 1835 de son dictionnaire.

Pages 29–30

>C'est ici que la querelle entre Dorville et Meridan commence, et s'envenime rapidement avec des insultes de la part de Dorville : « des leçons à recevoir d'une espèce d'être sauvage ». La scène se termine avec un crochet dramatique – « c'est ce que nous verrons ».

Pages 30–35

>Cette scène, plutôt longue car elle ralentit l'action dramatique, nous présente la théorie politique de l'auteur. Un bon gouvernment devrait être basé sur des lois sages et sur la justice qui gagne ainsi la confiance des gouvernés. Oriscar y ajoute une religion universelle, « indépendante des institutions humaines », donc la séparation de l'Etat et de l'Eglise, le culte d'une 'divinité' symbolisée par le soleil bienfaisant. La base principale des moeurs dans cette nouvelle société tahitienne, est le lien conjugal avec les devoirs qu'il impose. Rien ne suggère ici l'Empire que Napoléon était en train de consolider,

avec des structures sociales imitées de l'Ancien Régime et un couronnement effectué par le pape. L'Empire ne marquait pas un retour total à l'Ancien Régime, car les idées de la Révolution ne disparaissaient pas entièrement, mais la pièce est suffisamment révolutionnaire pour que les censeurs refusent la permission de la jouer. En particulier, la Fête des Récompenses rappelle trop nettement le calendrier républicain avec sa Fête des Vertus, ainsi que d'autres fêtes décadaires avec des titres bien connus tels que « A l'Etre suprême et à la Nature », « A la Justice », « A la Vérité », « A l'Amitié ». La semaine légale de la Révolution, le décadi du calendrier républicain, était déjà effectivement supprimée : le dimanche était de nouveau le jour de repos et la semaine de sept jours de nouveau adoptée. Le 8 septembre 1805, un décret de l'Empereur déclarait la remise en usage du calendrier grégorien à travers tout l'Empire. Une pièce de théâtre avec ces relents de republicanisme aurait certainement subi le mécontentement de l'Empereur, et aucun directeur de théâtre en 1806 ou 1807 n'aurait pris un tel risque.

Page 35

La première scène du troisième acte nous prépare pour le défi qui va suivre. Le billet semble étrange à Meridan qui ne connaît pas les procédures du duel. Le spectateur comprendra ainsi la réaction de Meridan dans la scène suivante.

Page 36

« Pétulence » ne figure pas dans les anciens dictionnaires, et est probablement une erreur de typographie .

Pages 37–39

En demandant à Dorville de lui expliquer le système du duel, Meridan va le placer dans une situation où il commence presque à bafouiller. « C'est trop discourir, il faut combattre », dira-t-il. Mais, ainsi que Meridan le demande à la page 38, comment le risque de mourir dans un duel peut-il aider son pays? Depuis longtemps, les fatalités et les blessures qui résultaient des duels étaient critiquées par les autorités qui perdaient chaque année des jeunes hommes bien éduqués provenant de la noblesse, qui auraient pu servir dans l'armée ou la marine.

« Si tu me tue », faute d'impression.

Nous sommes loin du combat à armes égales dont Dorville parlait au début, car Meridan ne connaît pas l'usage du pistolet, que Dorville doit lui expliquer. Même l'explication qu'il lui fournit ne les met pas sur un plan d'égalité, car se battre en duel avec un pistolet nécéssite un peu plus de compétence et de technique que de simplement « presser ce ressort ».

Page 40

Nous arrivons ici au point pivotal de la pièce, un cas de légitime défense, toujours difficile à prouver, mais simplifiée vers la fin quand Dorville admet sa faute.

« Le soleil est censé s'être couché pendant cette scène ». Du point de vue technique, cela était difficile à réaliser à une époque où l'éclairage se faisait principalement par des bougies ou des lampes le long de la rampe ou vers le côté ou l'arrière de la scène. Si la pénombre devait vraiment augmenter durant cette scène, des membres du personnel – ou des acteurs habillés à la tahitienne – devaient éteindre certaines des bougies. Cela est bien plus facile entre le départ de Meridan et l'arrivé du cultivateur.

Page 41

Notons ici l'emploi de l'orthographe 'île' et non pas 'isle' comme dans le titre.

'Appercevant', orthographe que l'on trouve encore à l'époque. Voir à ce sujet le dictionnaire de Ferraud

Page 42

« Ah ! mon père…» Ceci indique nettement que Dorville a le caractère fougueux, avec une tendance à s'emporter qui inquiétait son père.

'tache', circonflexe omis, erreur typographique.

Page 44

    'habitant' est écrit avec un t, orthographe plus commune au singulier; et le mot 'île' apparaît de nouveau.

Page 45

    Autre cas de 'grace' sans circonflexe.

Page 47

    Emploi d'asyle, au lieu d'asile, mais cette orthographe est plus proche du mot grec qui en est l'origine.

Page 48

    Un cas d'ironie dramatique: Meridan aimerait se dérober d'une situation qui pourrait le forcer à condamner quelqu'un qu'il sait être innocent. Il ne pourra éviter une erreur judiciaire qu'en s'inculpant lui-même. Le spectateur se rend bien compte de sa situation.

Page 49

    « Frivole dans ses goûts ». Nous avons déjà vu tout au début de la pièce que l'auteur parle de la légèreté des Françaises. L'auteur semble être un homme sérieux, avec une touche de puritanisme. Il exprime ainsi son opposition aux Merveilleuses et aux Incroyables qui ont apporté après la Révolution, surtout dans la vie parisienne, une note de frivolité, d'extravagance et de luxe.

Page 50

    Le mot 'sénateur' apparaît ici, comme à la page précédente, parfois avec une majuscule, parfois avec une minuscule.

Page 53

    Interrogatoire contradictoire fort habile, qui nous suggère que l'auteur a peut-être été un homme de loi ou un avocat.

Page 57

    Le billet en question est, naturellement, celui que Dorville avait envoyé à Meridan. Le coup de théâtre de la Scène III qui permet à la pièce de se terminer sur une note joyeuse est quelque peu mélodramatique, mais nécessaire. Notons aussi l'orthographe 'précédens'.

Page 58

    Aucun accent circonflexe sur 'ame' et 'graces'. Le circonflexe sur 'âme' devient normal durant le XVIIIe. Ferraud nous dit dans son *Dictionnaire*: « il convient de mettre sur l'â l'accent circonflexe ». L'expression « prendre une séance » est rare et n'est plus usitée.

Page 62

    « Un peuple paisible, qui préfère le bonheur à la gloire » est une autre phrase qui n'aurait guère plue aux censeurs de 1806-1810 quand l'Empire était à son apogée.

Page 63

    La pièce aurait pu se terminer avec une marche triomphale et des danses, comme dans les opéras-comiques qui devenaient à la mode, mais l'auteur retourne à son but d'écrire une pièce philosophique et morale, et les derniers discours expriment le point de vue qu'il voulait que ses spectateurs emportent chez eux.

Bibliographie

[Anon.] *Fragmens du dernier voyage de La Pérouse*, Barazet, Quimper, 1797. Edition anglaise par Dunmore, John, 2 tomes, (Canberra, National Library of Australia, 1987), 55 et vii+50 pp.

Arnoux, Rosemary, « Stranger than Fiction: Ethnography and Narrative Writing in French Polynesia », dans Cropp, Glynnis, et al. (éds), *Pacific Journeys: Essays in honour of John Dunmore*, (Wellington, Victoria University Press, 2006), pp. 177-189

Baré, Jean-François, « La France dans la longue durée tahitienne », dans Dekker, Paul de, et Pierre-Yves Toullemain (éds), *La France et le Pacifique*, (Paris, Société Française d'Outre-Mer, 1990), pp. 63-93

Baston, Guillaume André René, *Les Narrations d'Omaï, insulaire de la Mer du Sud*, (Paris, 1790)

Bellec, François, *La Généreuse et tragique expédition Lapérouse*, (Rennes, Ouest France, 1985), 267 pp.

Bideaux, Michel, et Sonia Faessel, *Louis-Antoine de Bougainville : Voyage autour du monde*, (Paris, Presses de l'Université de Paris-Sorbonne, 2001), 505 pp.

Bricaire de la Dixmerie, Nicolas, *Le Sauvage de Tahiti aux Français, avec un envoi au philosophe ami des sauvages*, (Lejay, Paris et Londres, 1770, xxiii+149. Edition moderne, Papeete, Perspectives maohi, 1989)

Carrington, Hugh, (éd.), *The Discovery of Tahiti : A Journal of the Second Voyage of* H.M.S. Dolphin *round the World*, (Londres, Hakluyt Society, 1948), lii+292 pp.

Commerson, Philibert, « Post-scriptum sur l'isle de Tahiti ou Nouvelle-Cythère » dans *Mercure de France*, (novembre 1769)

Conan, Alain, et al., *A-t-on des nouvelles de Lapérouse*?, (Nouméa, Association Salomon, 1997)

Dalrymple, Alexander, *An Account of the Discoveries made in the South Pacifick Ocean previous to 1764*, (Londres, 1767)

De Brosses, Charles, *Histoire des navigations aux terres australes*, 2 tomes, (Paris, Durant, 1756)

Delille, Jacques, *Les Jardins, ou l'art d'embellir les paysages*, (Paris, Didot, 1782), 144 pp.

Diderot, Denis, *Supplément au Voyage de Bougainville,* éd. avec introduction et notes par Georges Chinard, (Paris, et Oxford University Press, 1935), 215 pp.

Dunmore, John, « L'Imaginaire et le réel : le mythe du Bon Sauvage de Bougainville à Marion du Fresne », dans Mollat du Jourdin, Michel, et Etienne Taillemitte (éds), *L'Importance de l'exploration maritime au siècle des lumières*, (Paris, 1982, CNRS), pp. 161-8.

Dunmore, John, et Maurice de Brossard, *Le Voyage de Lapérouse 1785-1788,* 2 tomes, (Paris, Imprimerie Nationale, 1985)

Dunmore, John, *Storms and Dreams : Louis de Bougainville, Soldier, Explorer, Statesman*, (Auckland, Exisle, 2005), 296 pp.

Dunmore, John, *Where Fate Beckons : The Life of Jean de La Pérouse*, (Auckland, Exisle, 2006), 292 pp.

Duyker, Edward, *An Officer of the Blue : Marc-Joseph Marion Dufresne, South Sea Explorer 1724-1772*, (Melbourne, Melbourne University Press, 1994), 229 pp.

Ferraud, Jean-François, *Dictionnaire critique de la langue française*, 2 tomes, (Marseille, 1787-88)

Gaziello, Catherine, *L'expédition de Lapérouse, réplique française aux voyages de Cook*, (Paris, Comité des Travaux Historiques et Scientifiques, 1984), 323 pp.

Howe, Kerry R, *Where the Waves Fall,* (Sydney, Allen & Unwin, 1984), 403 pp.

Lahontan, Louis Armand de Lom d'Arce, *Dialogues curieux entre l'auteur et un Huron de bon sens qui a voyagé*, (Paris, 1703; nouvelle édition revue par Gilbert, Thierry, (Arles, Sulliver, 2005), 97 pp.

Laborde, Jean-Baptiste de, *Mémoire sur la prétendue découverte faite en 1788 par des Anglois...suivi d'un projet de souscription pour un armement destiné à la recherche de M. de La Pérouse qu'on croit avoir fait naufrage sur quelque côte de la Mer du Sud*, (Paris, 1790)

Lesseps, Jean-Baptiste Barthélémy de, *Journal historique du voyage depuis l'instant où il a quitté les frégates françoises au port de Saint-Pierre & Saint-Paul du Kamchatka*, 2 tomes, (Paris, Imprimerie Royale, 1790)

Margueron, Daniel, *Tahiti dans toute sa littérature*, (Paris, L'Harmattan, 1989), 469 pp.

Martin-Allanic, Jean-Etienne, *Bougainville navigateur et les découvertes de son temps*, 2 tomes, (Paris, Presses Universitaires de France, 1964)

McCormick, Eric Hall, *Omai : Pacific Envoy*, (Auckland, Auckland University Press, 1977), 364 pp.

McLaren, Ian F., *Lapérouse in the Pacific, including Searches by d'Entrecasteaux, Dillon, Dumont d'Urville: An Annotated Bibliography*, (Parkville, University of Melbourne, 1993), 285 pp.

Milet-Mureau, M. Louis Antoine d'Estouff, *Voyage de La Pérouse autour du monde*, 4 tomes, (Paris, Imprimerie de la République, 1797)

Monnier, Jeannine, et al., *Philibert Commerson : Le Découvreur du bougainvillier*, (Châtillon-sur-Chalaronne, Association Saint-Guignefort, 1993), 191 pp.

O'Reilly, Patrick, *Tahitiens : Répertoire bio-bibliographique de la Polynésie française (1737-1771)*, (Paris, Société des Océanistes, 1962, et supplément, 1966), viii+104 pp.

Poncelin de la Roche-Tilhac, Jean Charles, *Histoire des révolutions de Taïti,* (Paris, Lamy, 1782), 210 pp.

Rennie, Neil, *Far-fetched Facts : The Literature of Travel and the Idea of the South Seas*, (Oxford, Clarendon Press, 1995)

Smith, Bernard, *European Vision and the South Pacific*, 2e éd., (Sydney, Harper & Row, 1984), 370 pp.

Taillemitte, Etienne, *Bougainville et ses compagnons autour du monde 1766-1769*, 2 tomes, (Paris, Imprimerie Nationale, 1977)

Taitbout, *Essai sur l'isle d'Otahiti située dans la Mer du Sud et sur l'esprit et les moeurs de ses habitans*, (Paris et Avignon, Fouillé, 1779) xxiv+125 pp.

Vibart, Eric, *Tahiti: naissance d'un paradis au Siècle des Lumières*, (Bruxelles, Editions Complexe, 1987), 252 pp.

MHRA Critical Texts

This series aims to provide affordable critical editions of lesser-known literary texts that are not in print or are difficult to obtain. The texts will be taken from the following languages: English, French, German, Italian, Portuguese, Russian, and Spanish. Titles will be selected by members of the distinguished Editorial Board and edited by leading academics. The aim is to produce scholarly editions rather than teaching texts, but the potential for crossover to undergraduate reading lists is recognized. The books will appeal both to academic libraries and individual scholars.

Malcolm Cook
Chairman, Editorial Board

Editorial Board

Professor John Batchelor (English)

Professor Malcolm Cook (French) (*Chairman*)

Professor Ritchie Robertson (Germanic)

Dr Derek Flitter (Hispanic)

Professor Brian Richardson (Italian)

Dr Stephen Parkinson (Portuguese)

Professor David Gillespie (Slavonic)

Titles

For a full listing of titles available in the series and details of how to order please visit our website at www.criticaltexts.mhra.org.uk

www.ingramcontent.com/pod-product-compliance
Lightning Source LLC
Chambersburg PA
CBHW070558170426
43201CB00012B/1876